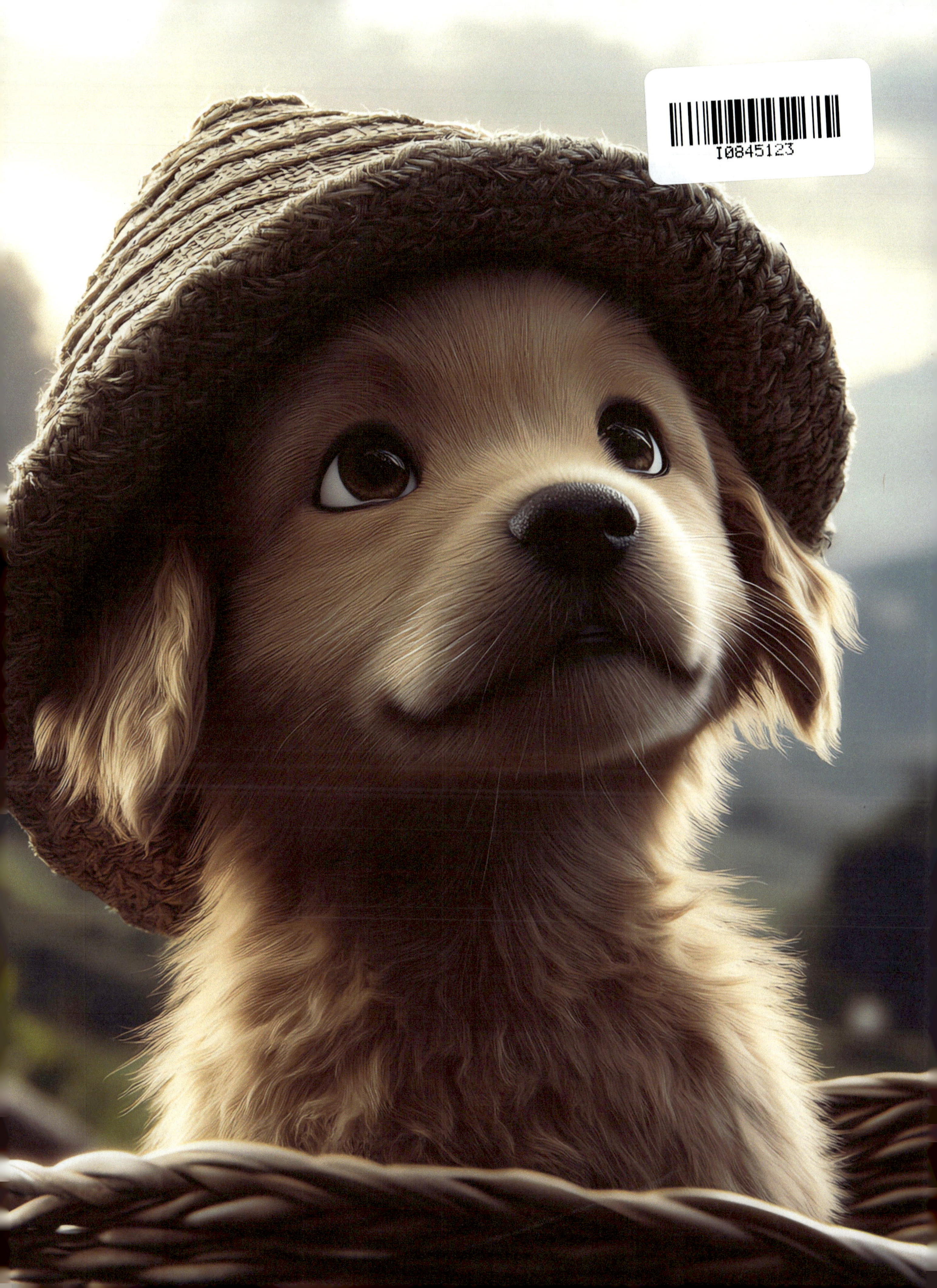
I0845123

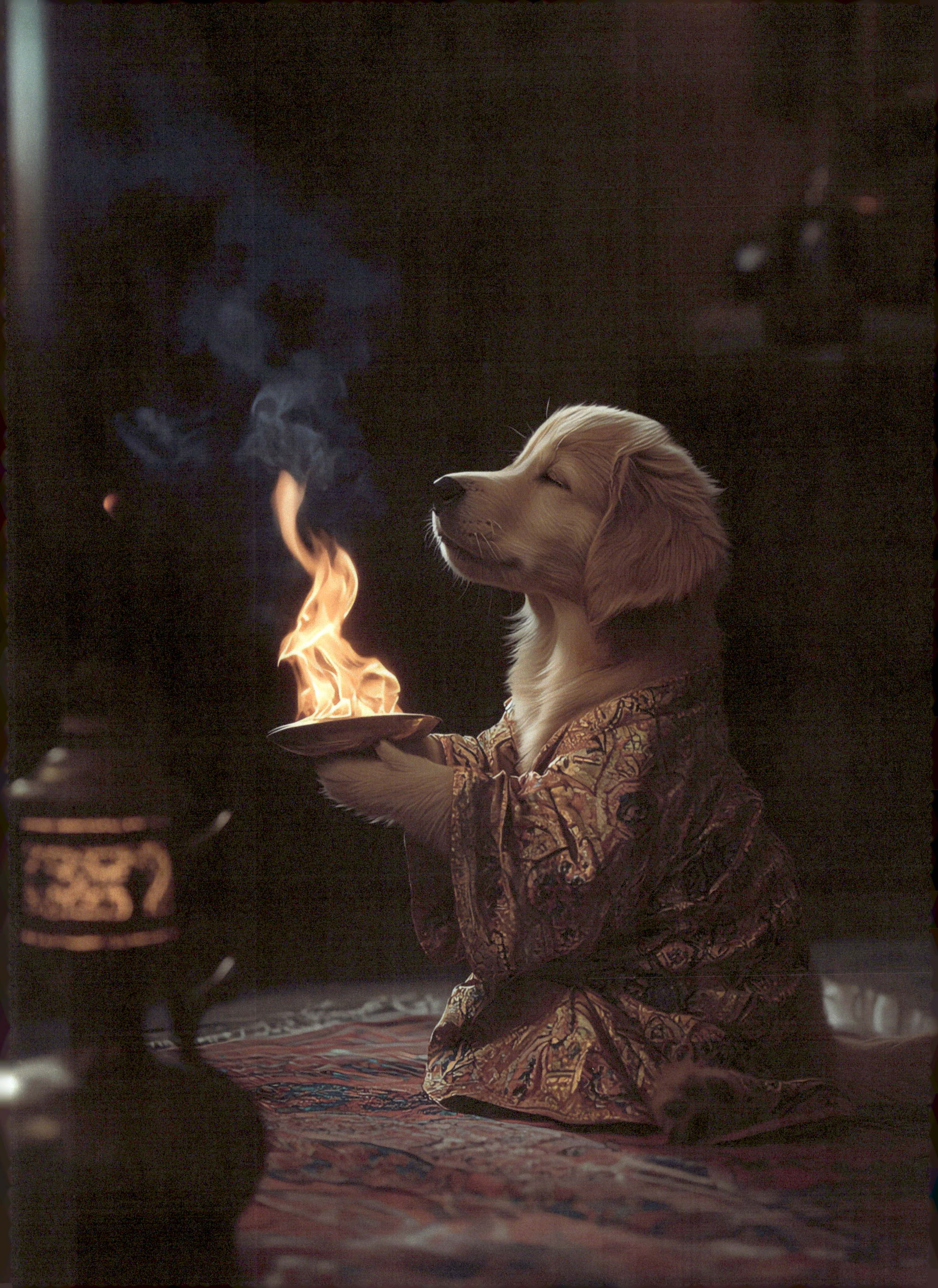

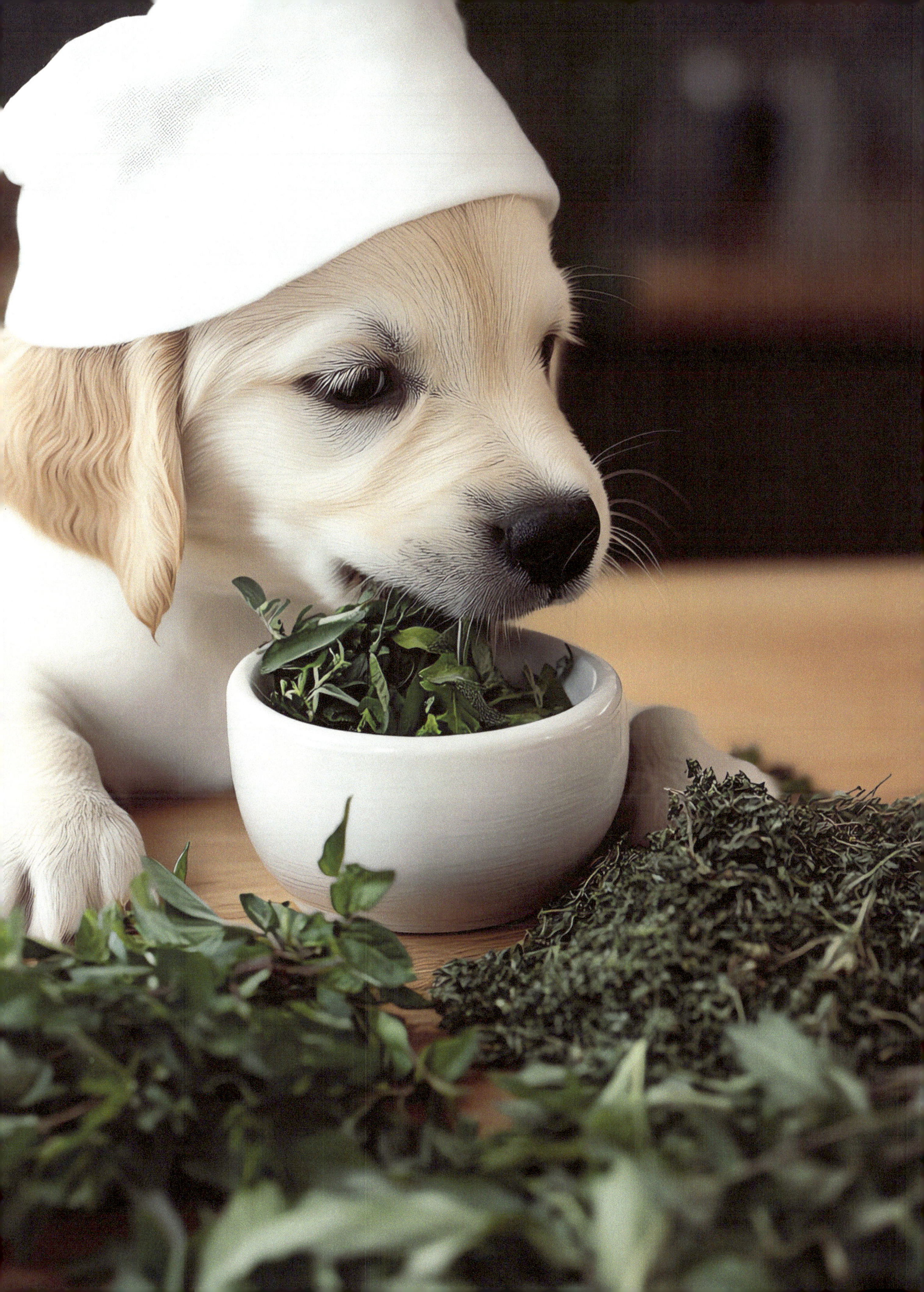

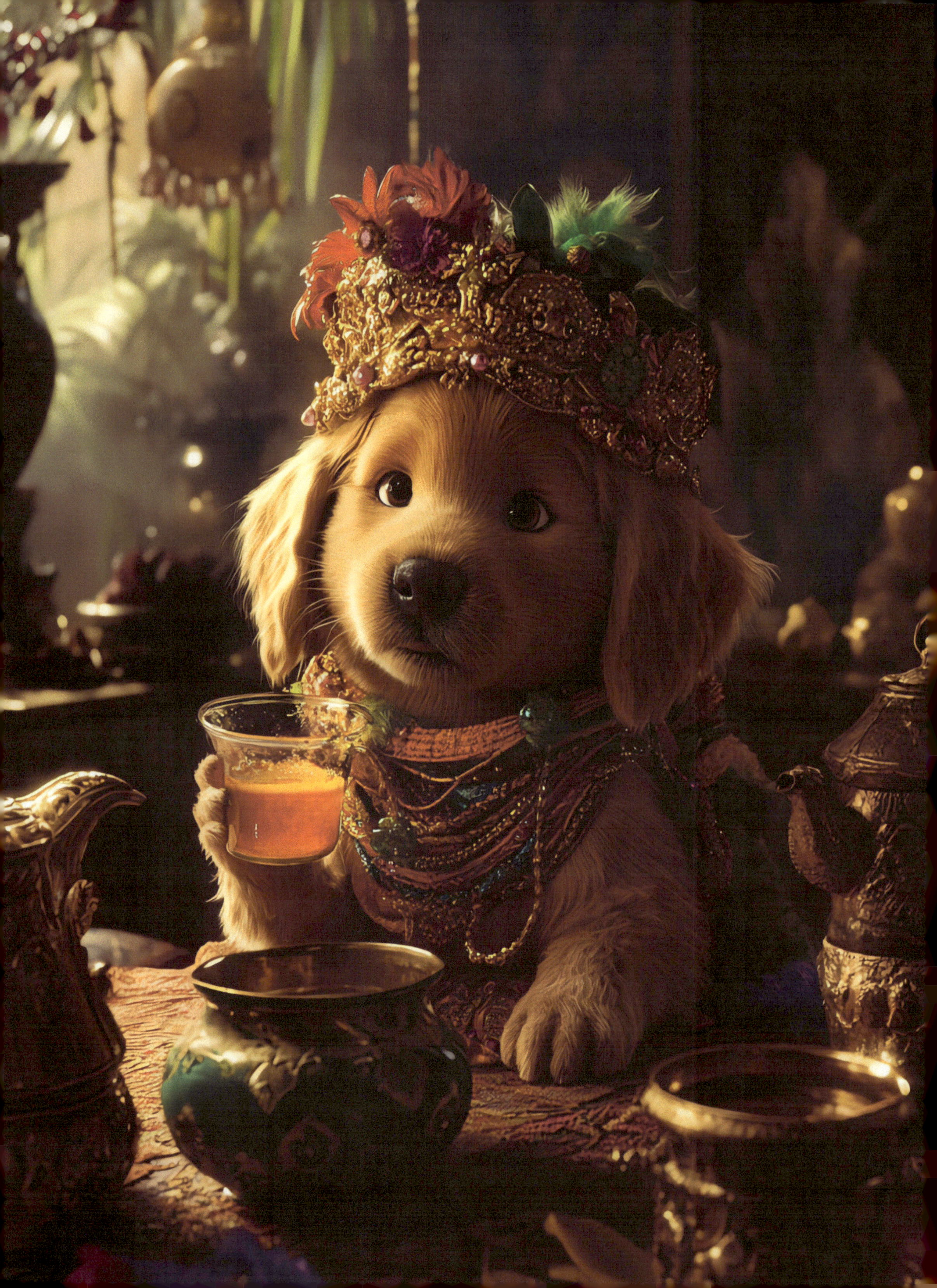

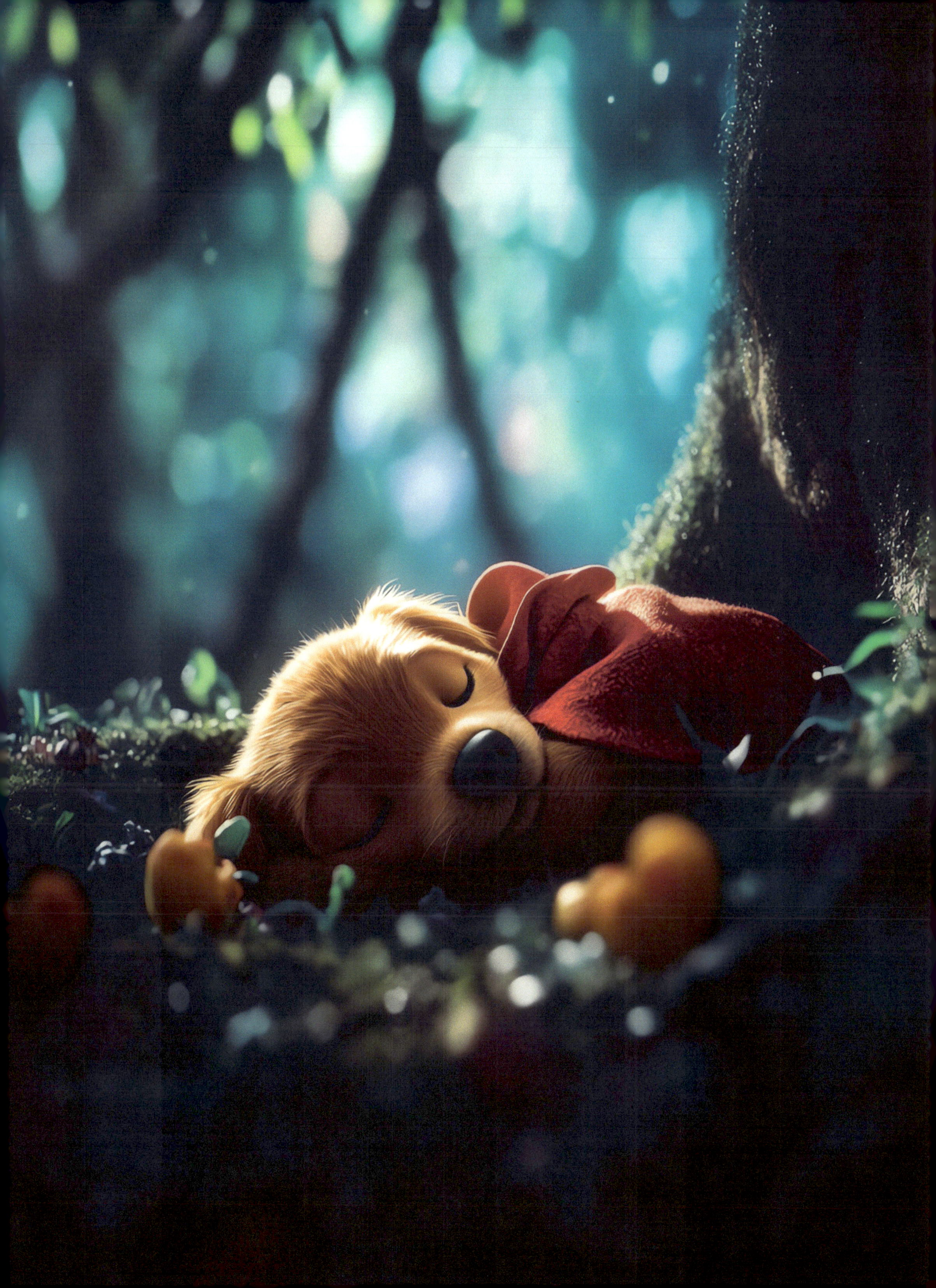

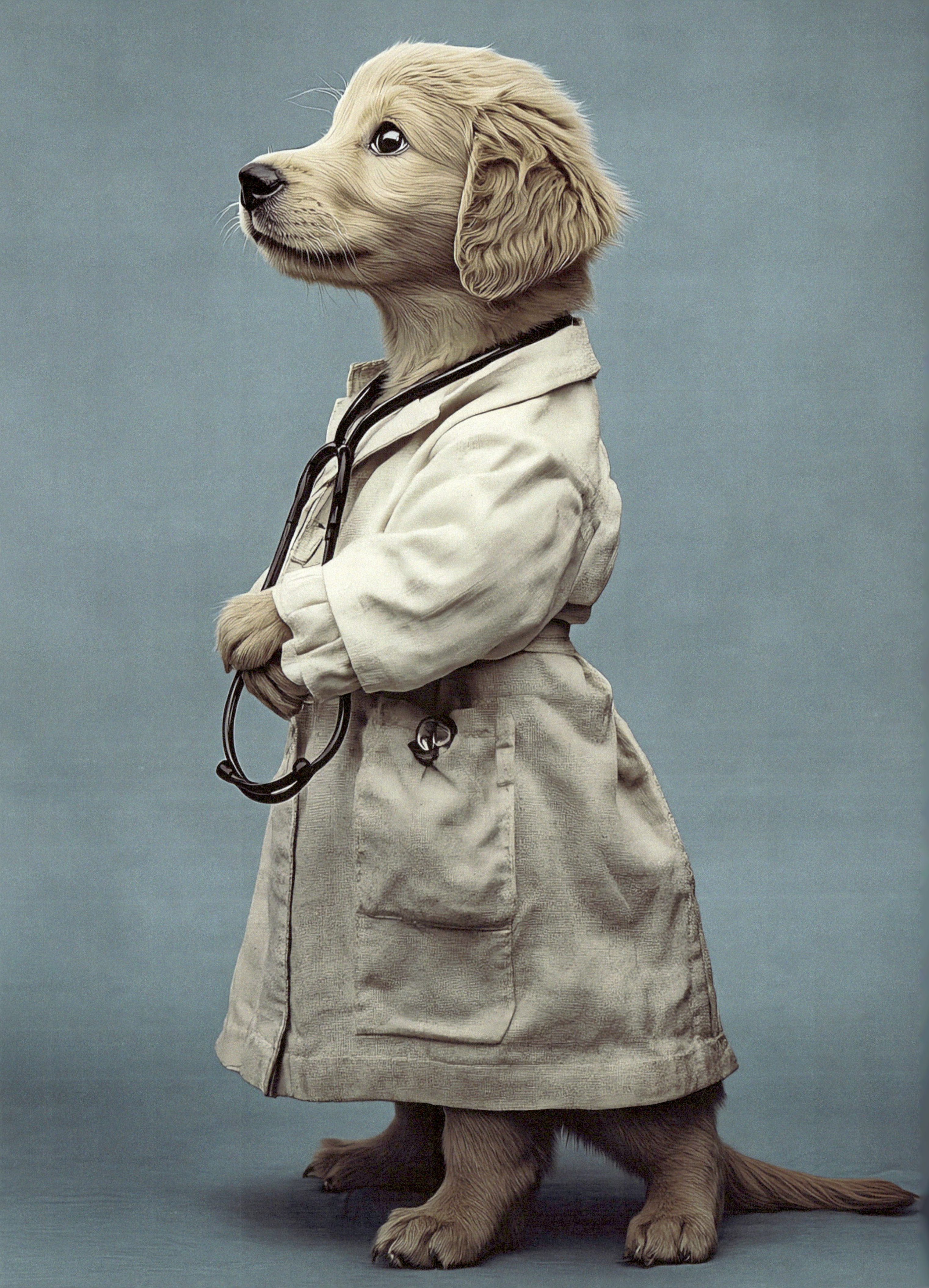

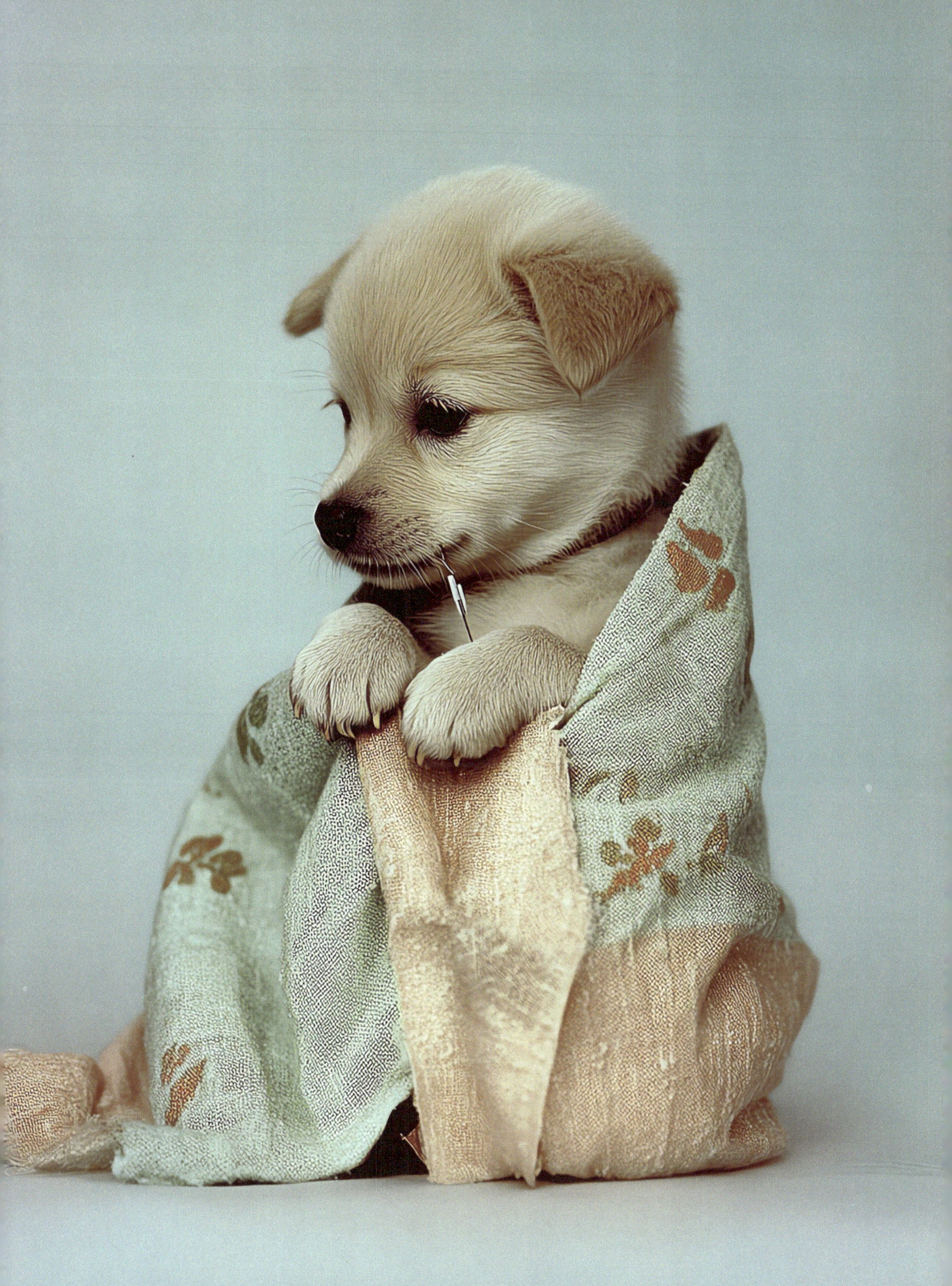

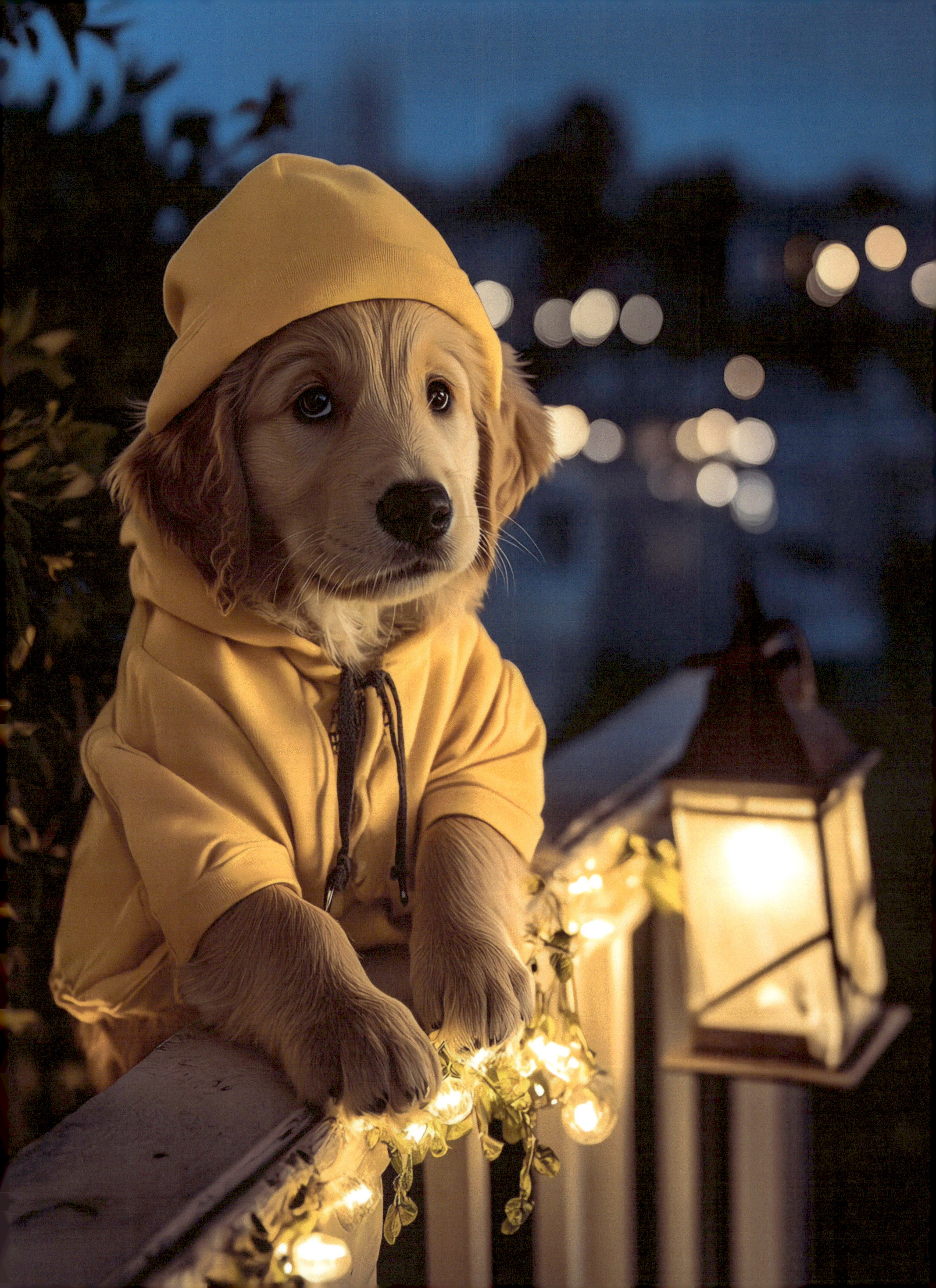

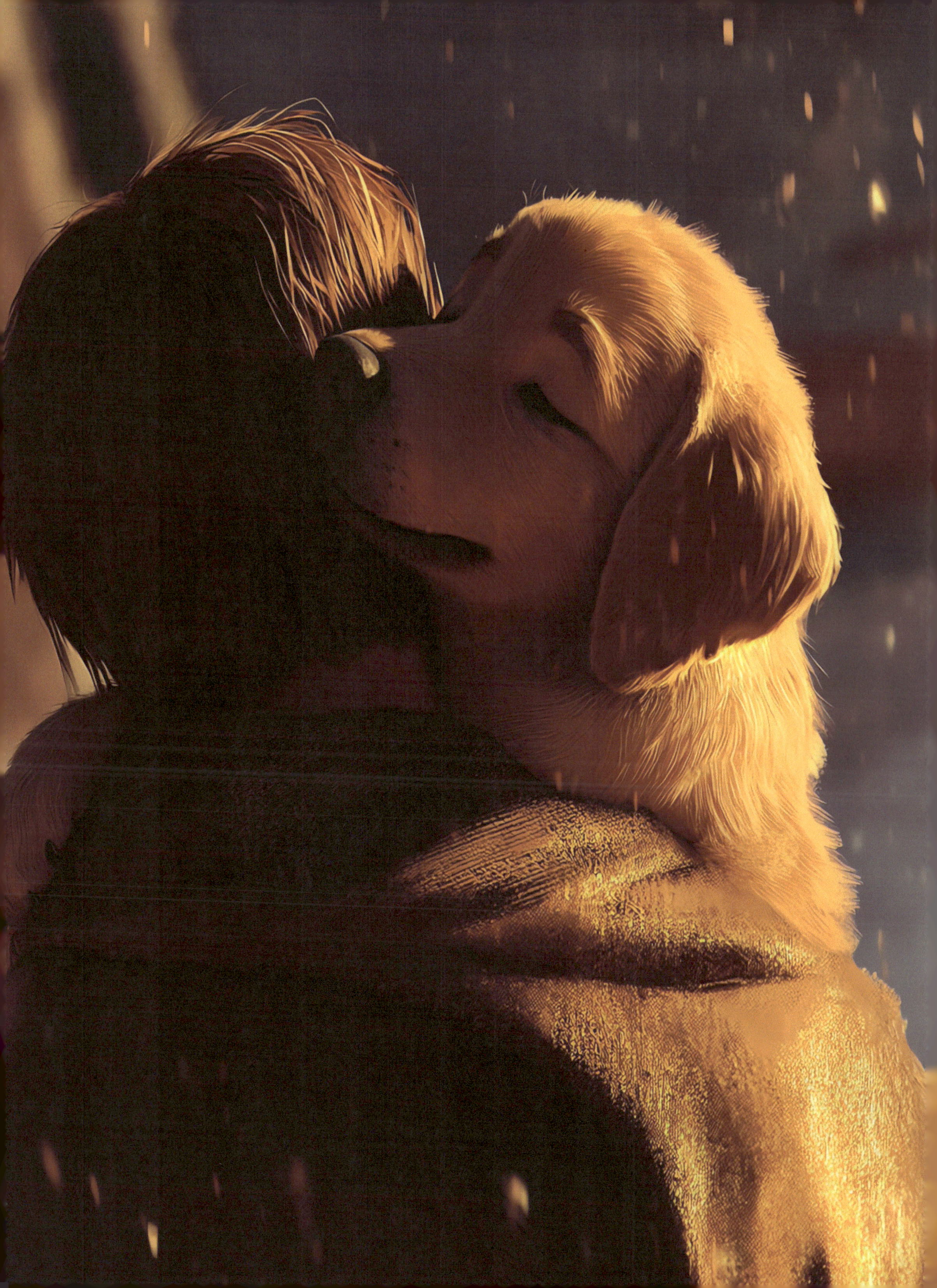

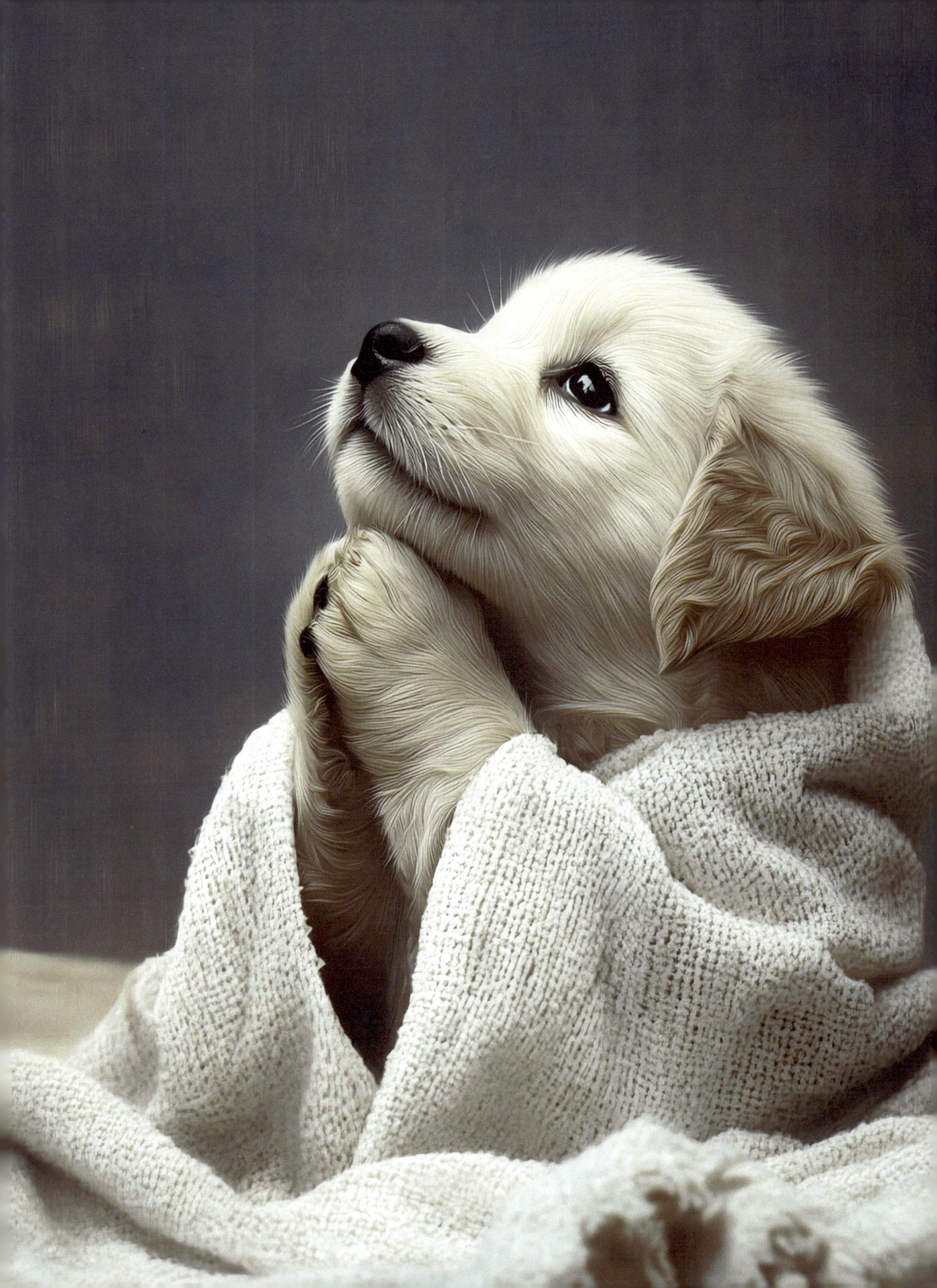

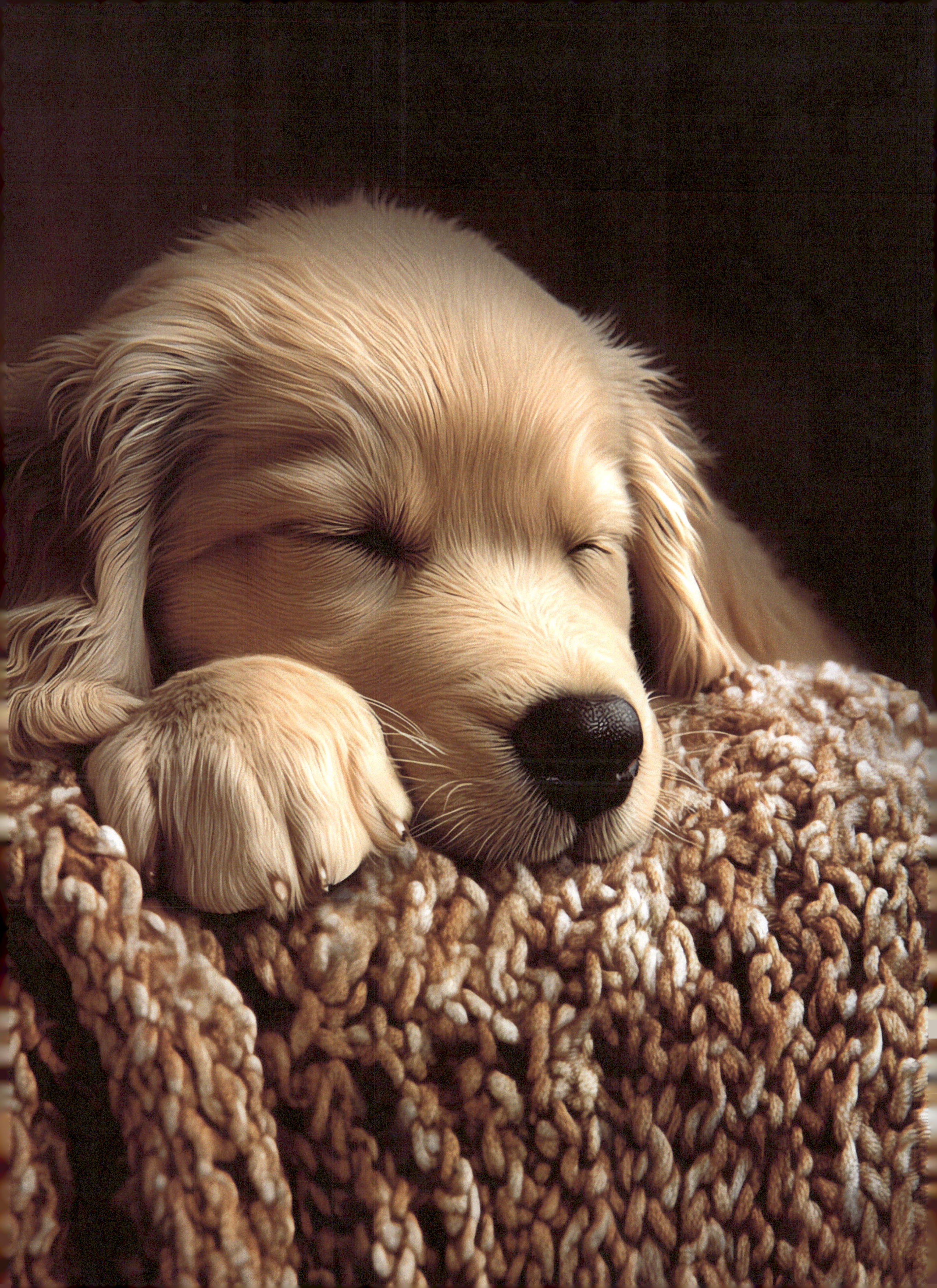

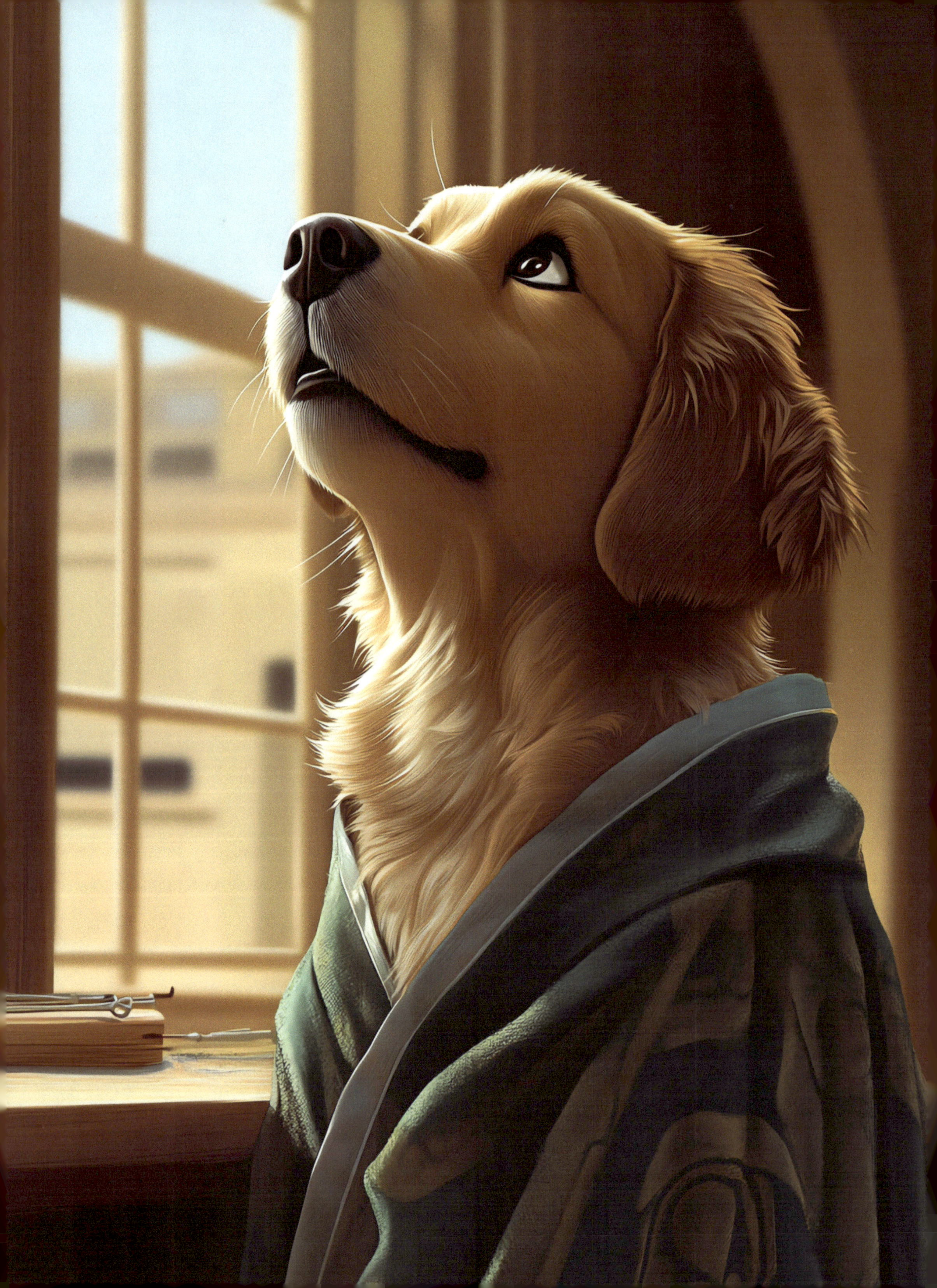

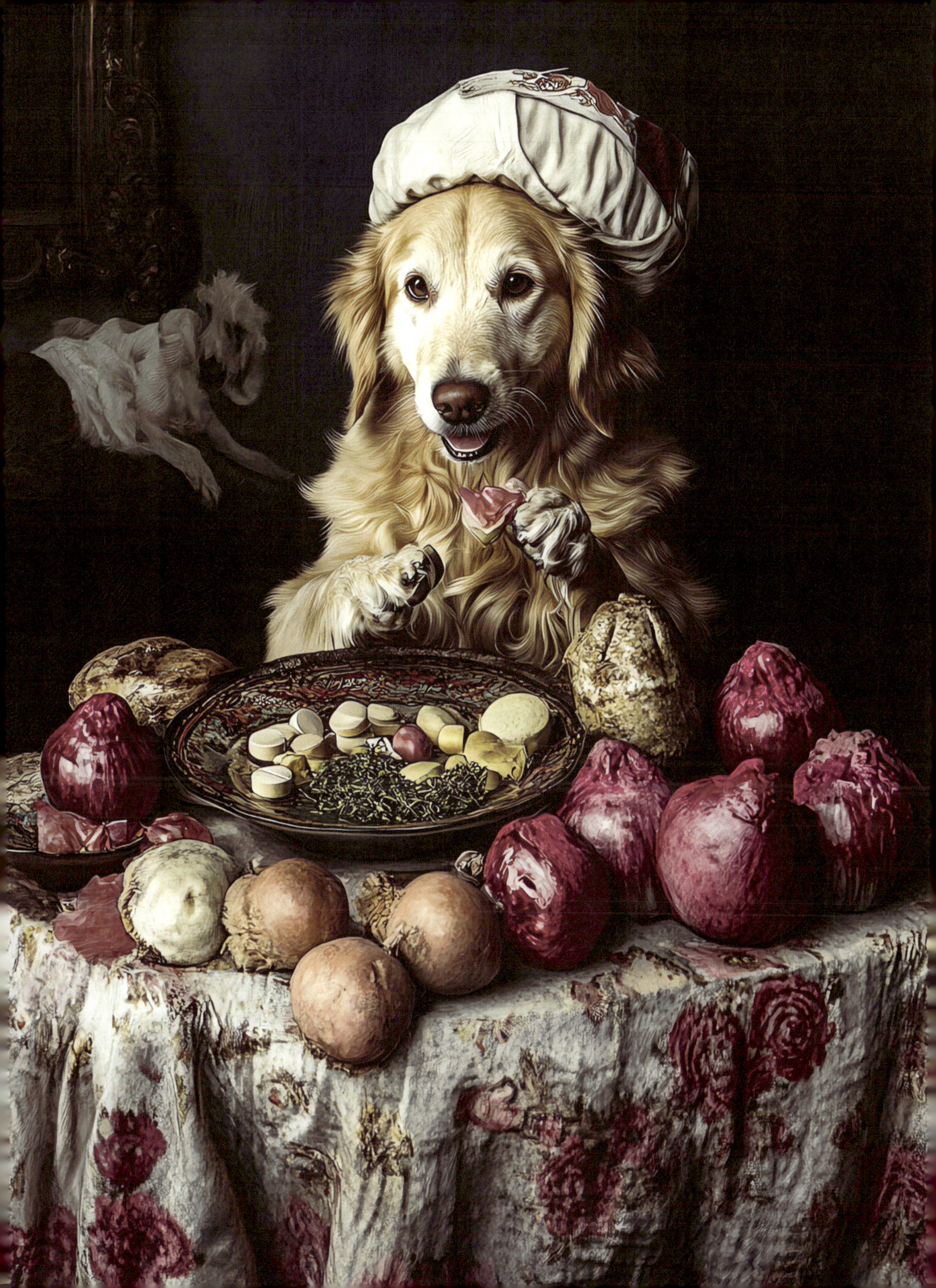

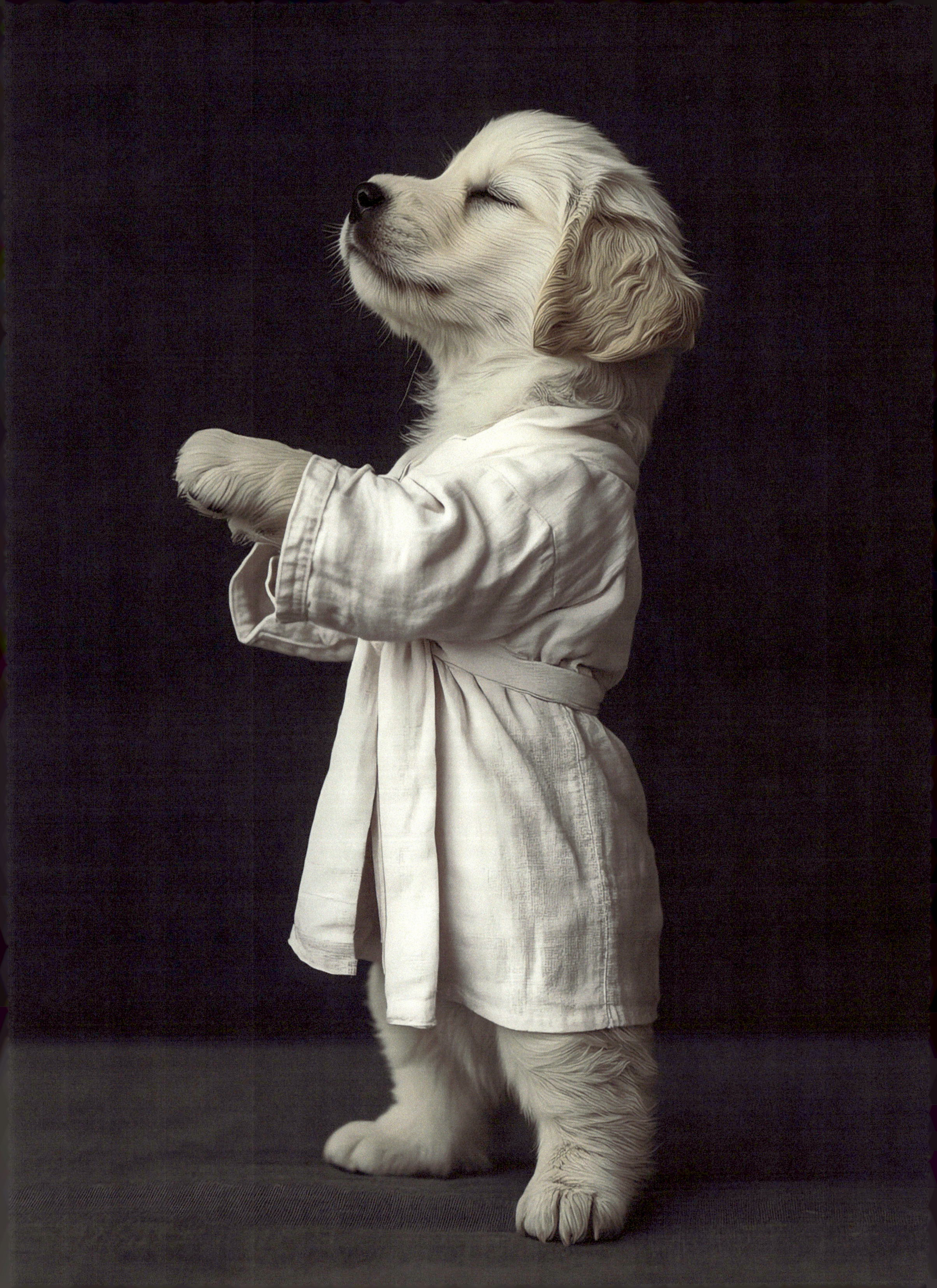

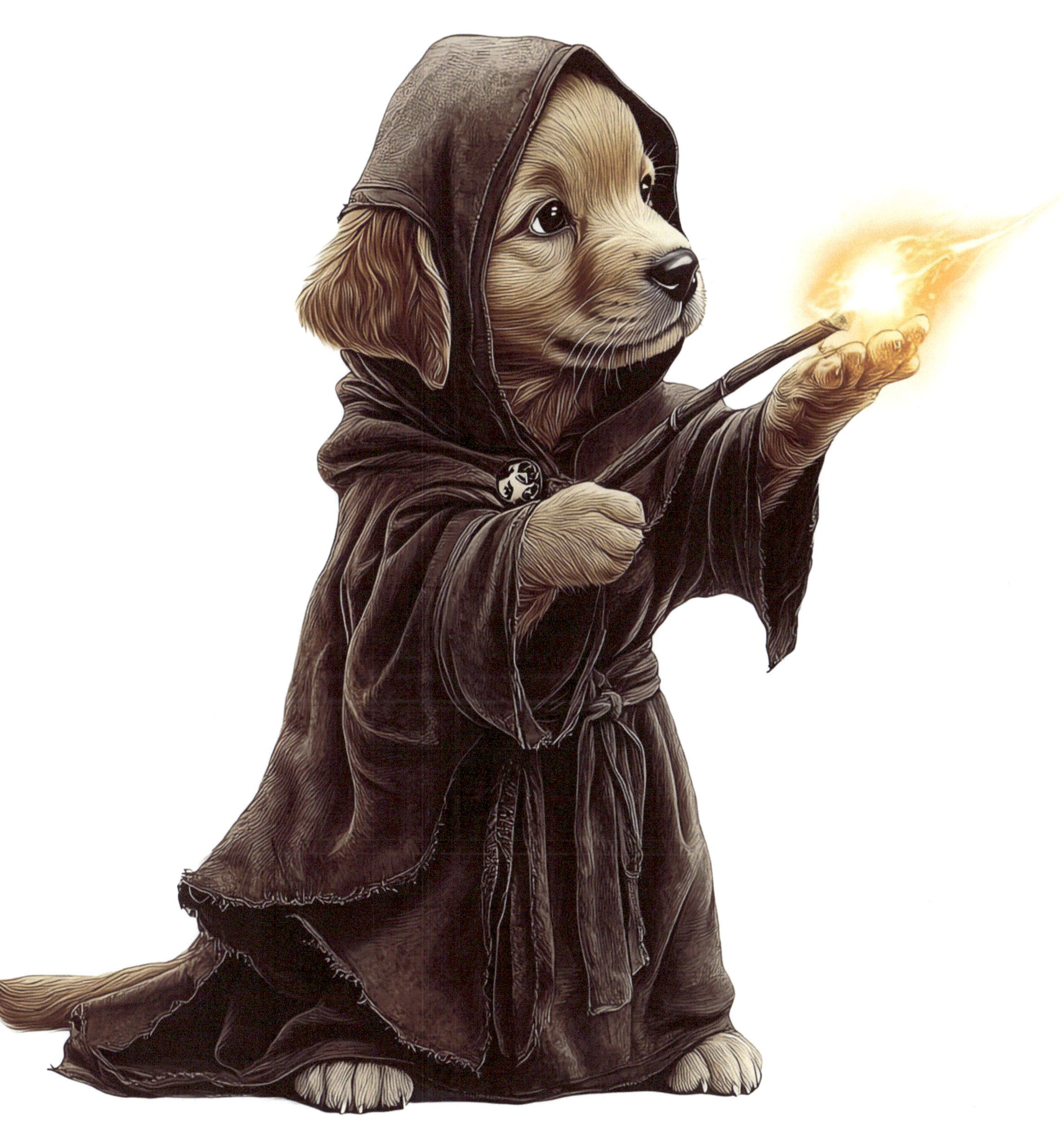

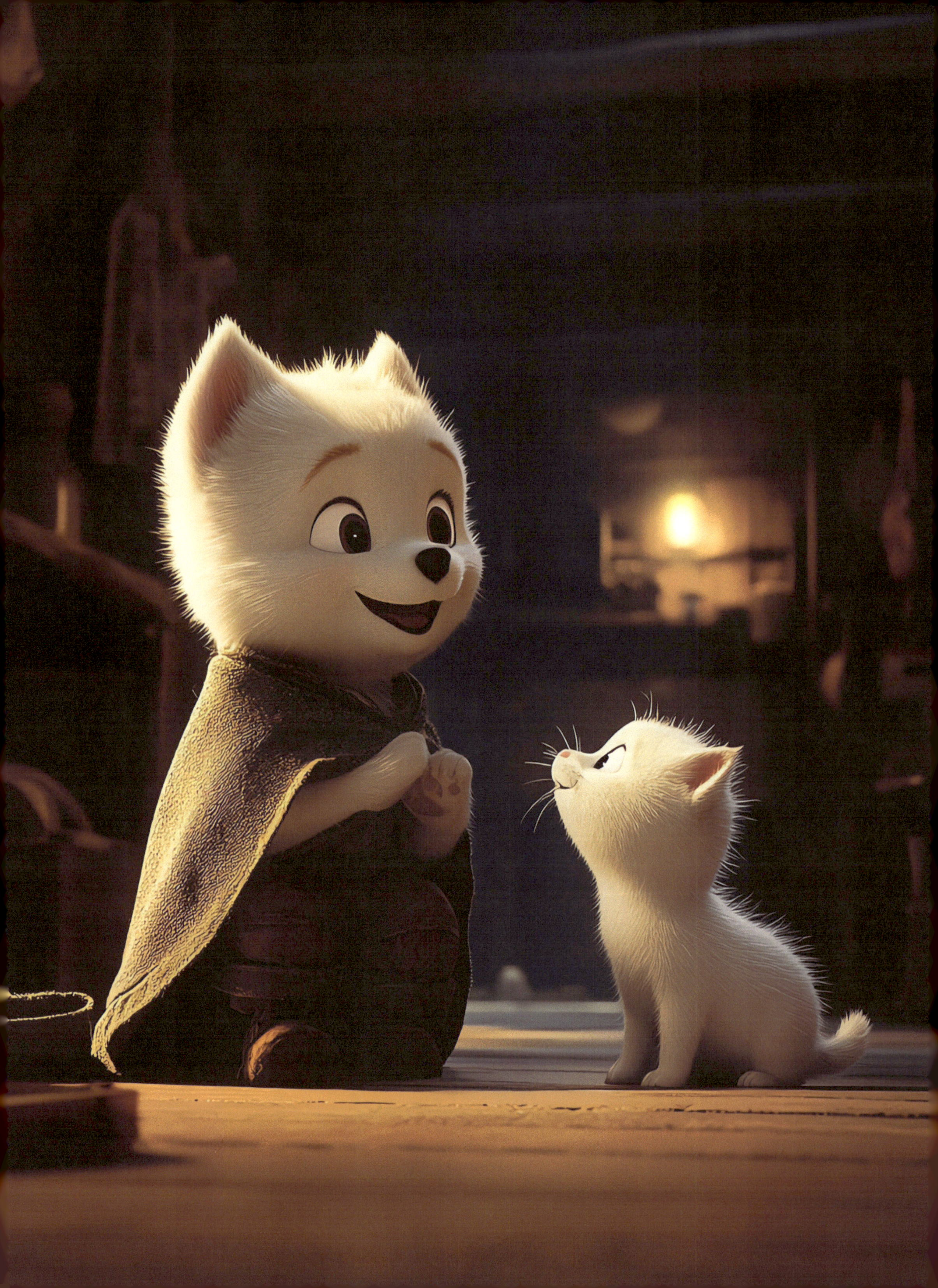

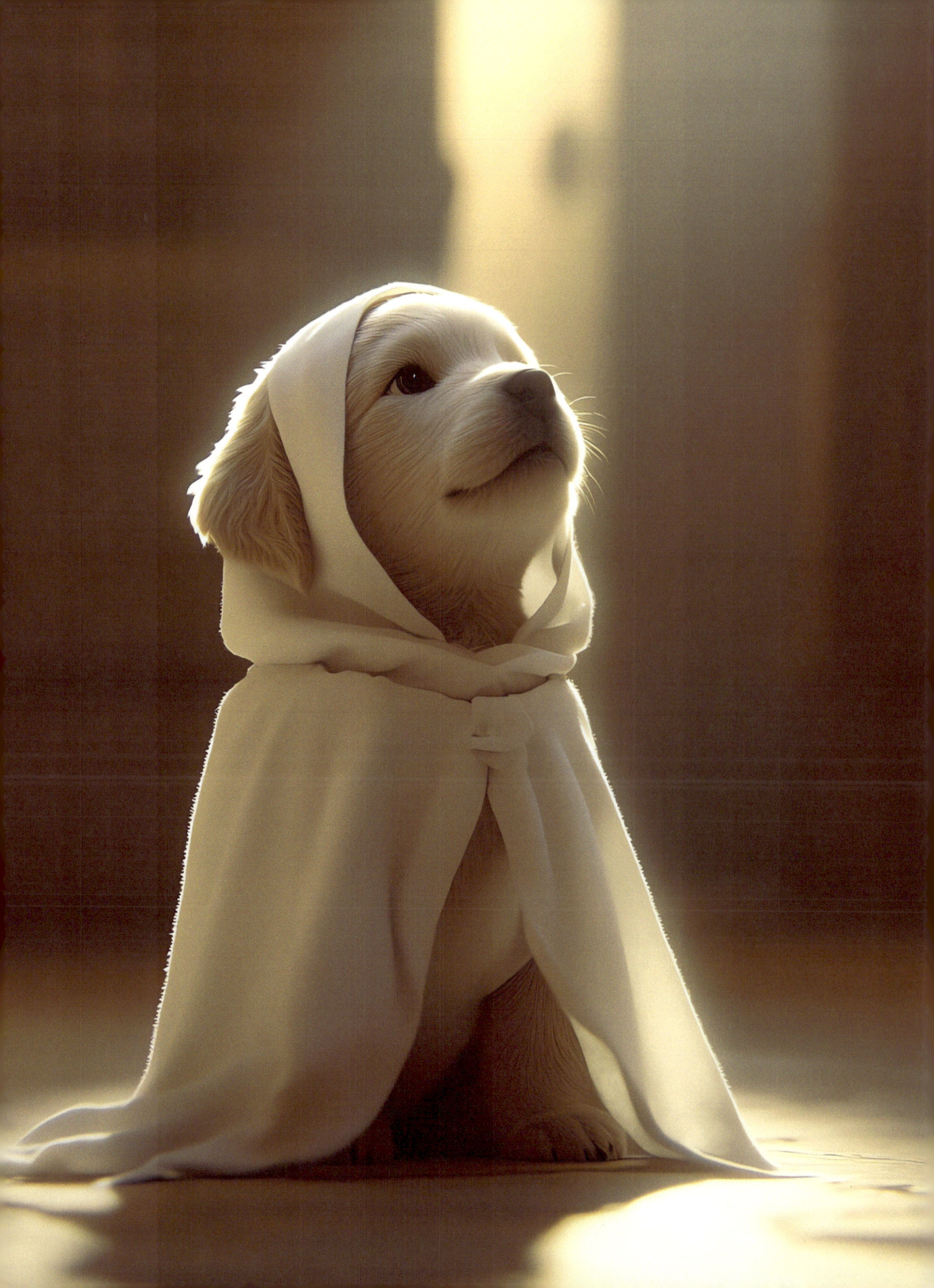

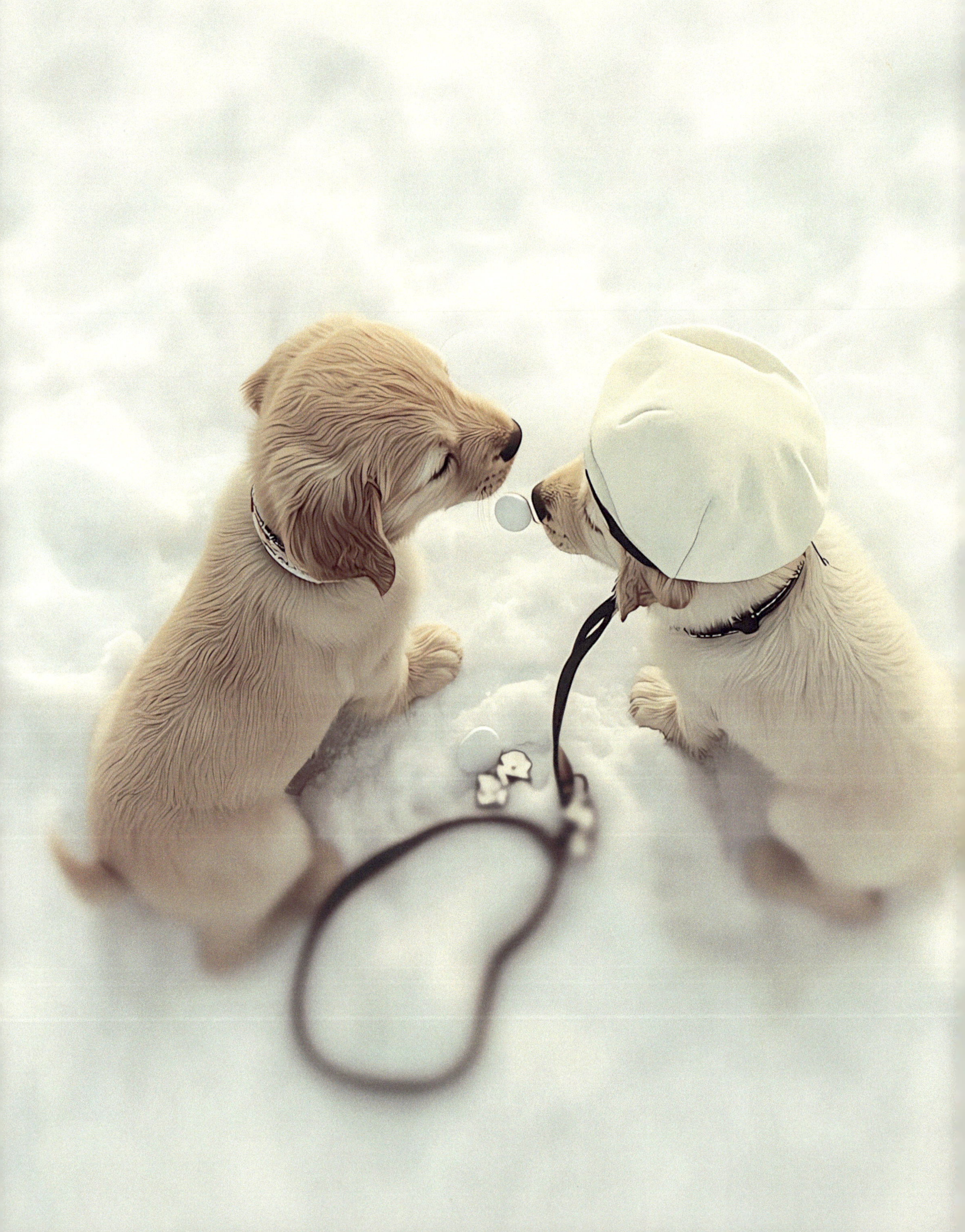

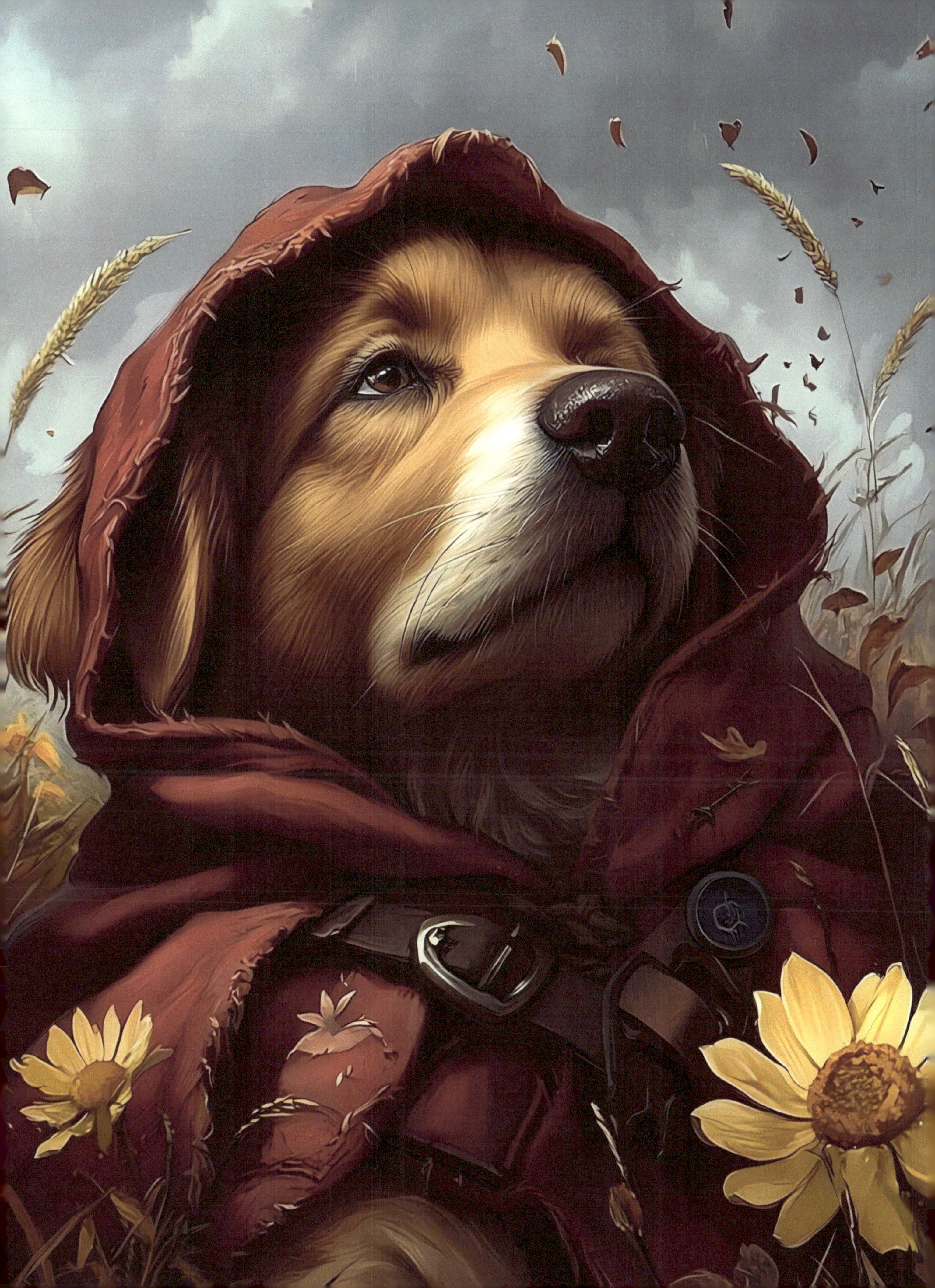

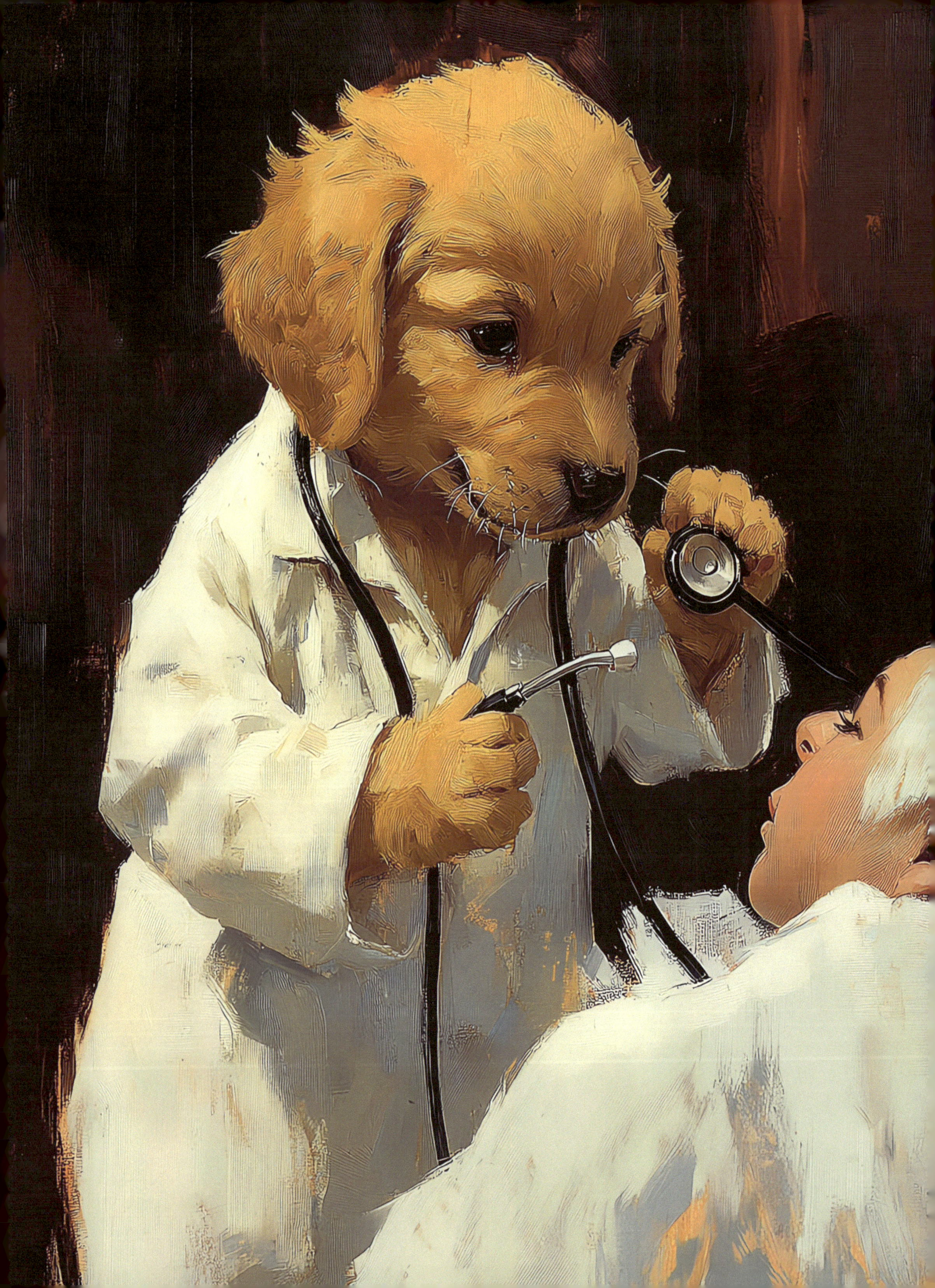

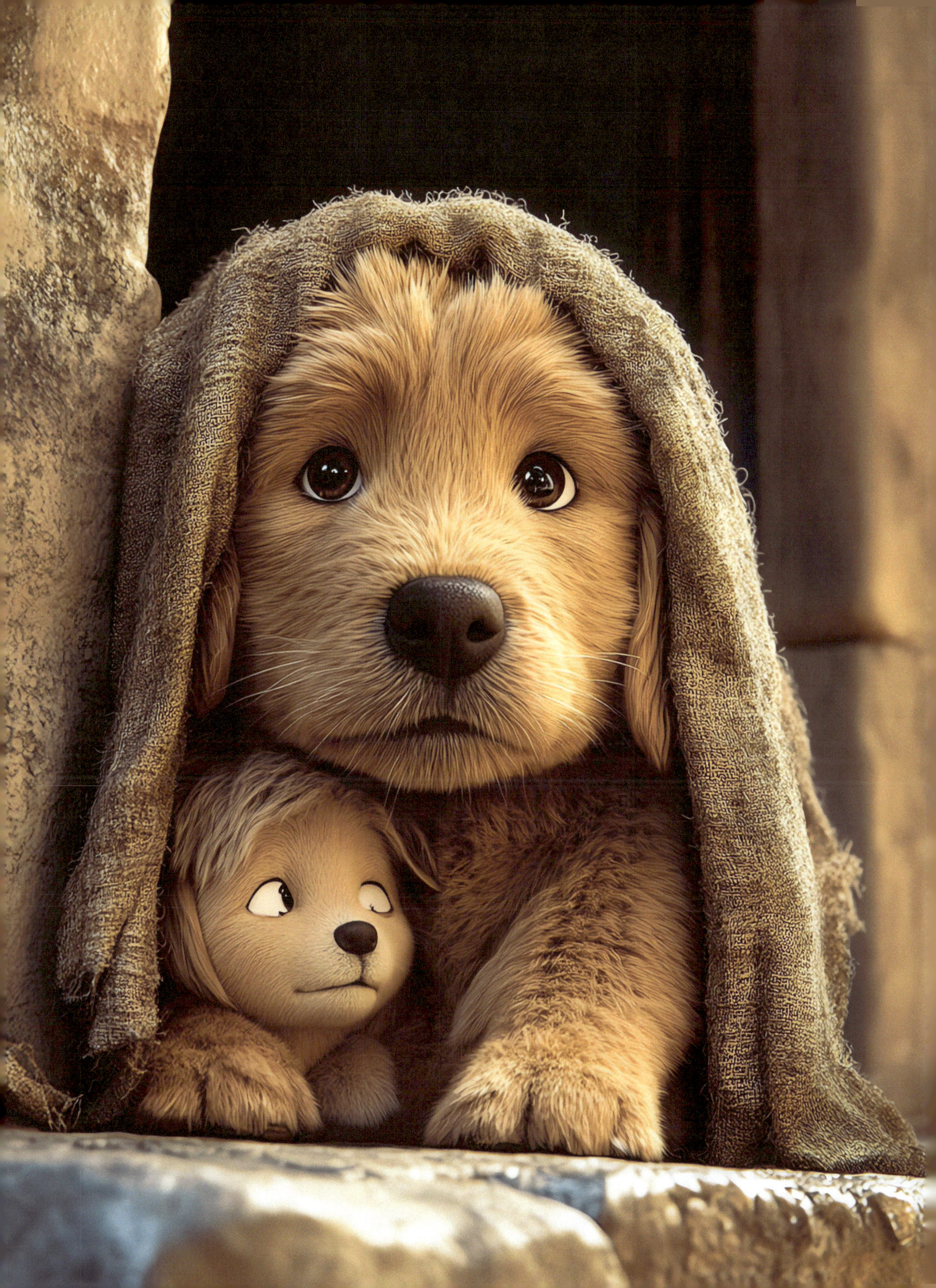

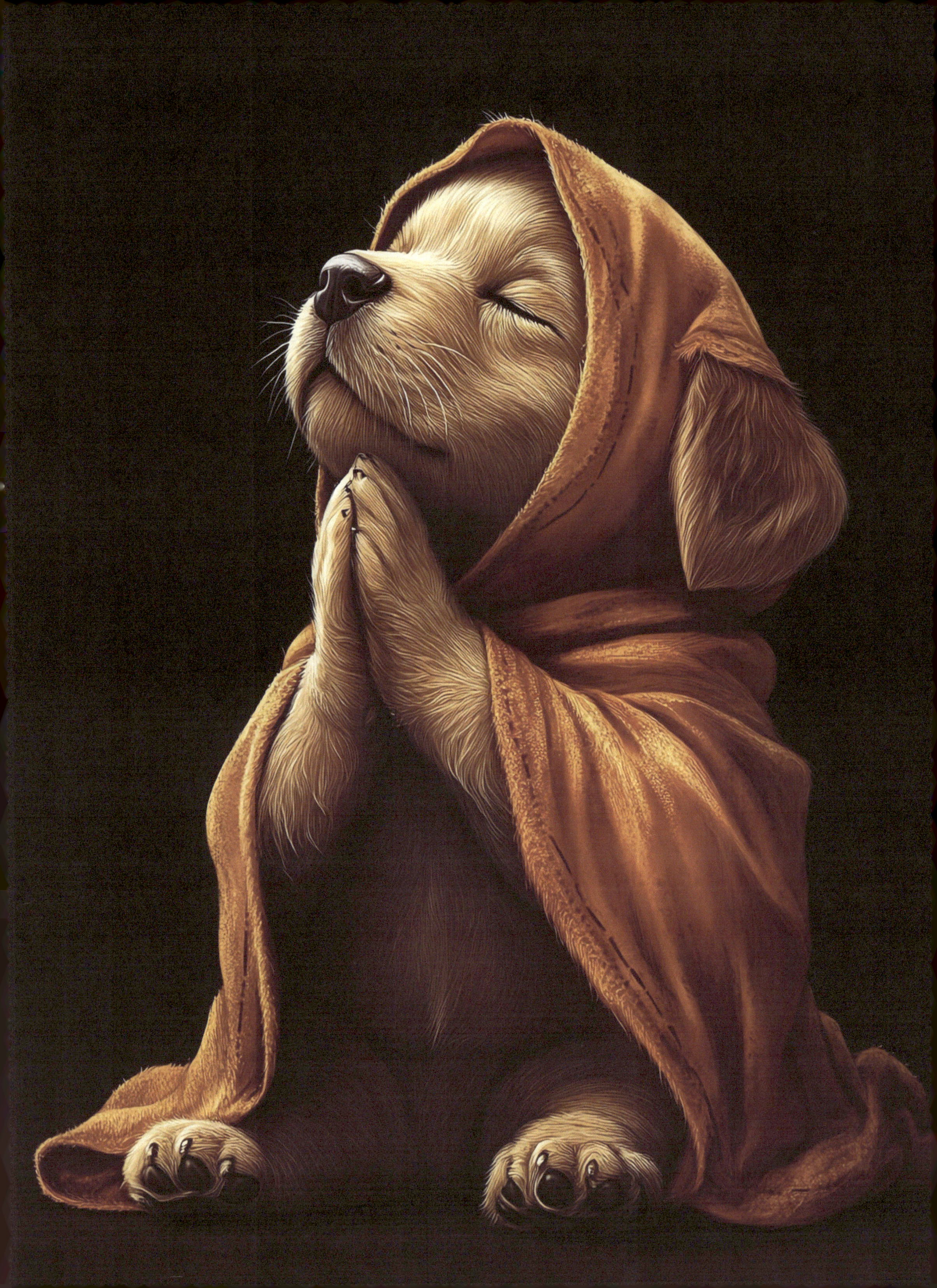

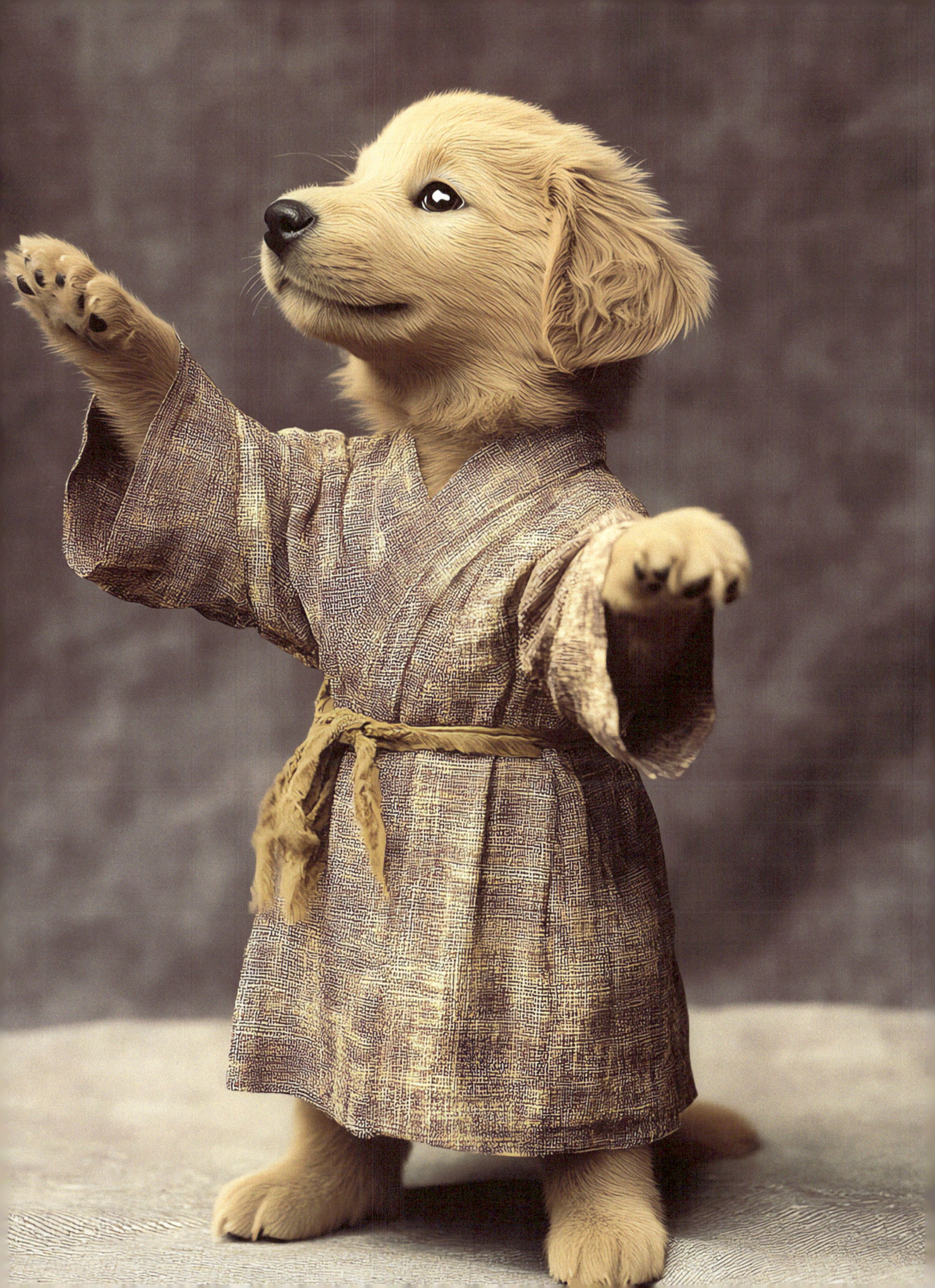

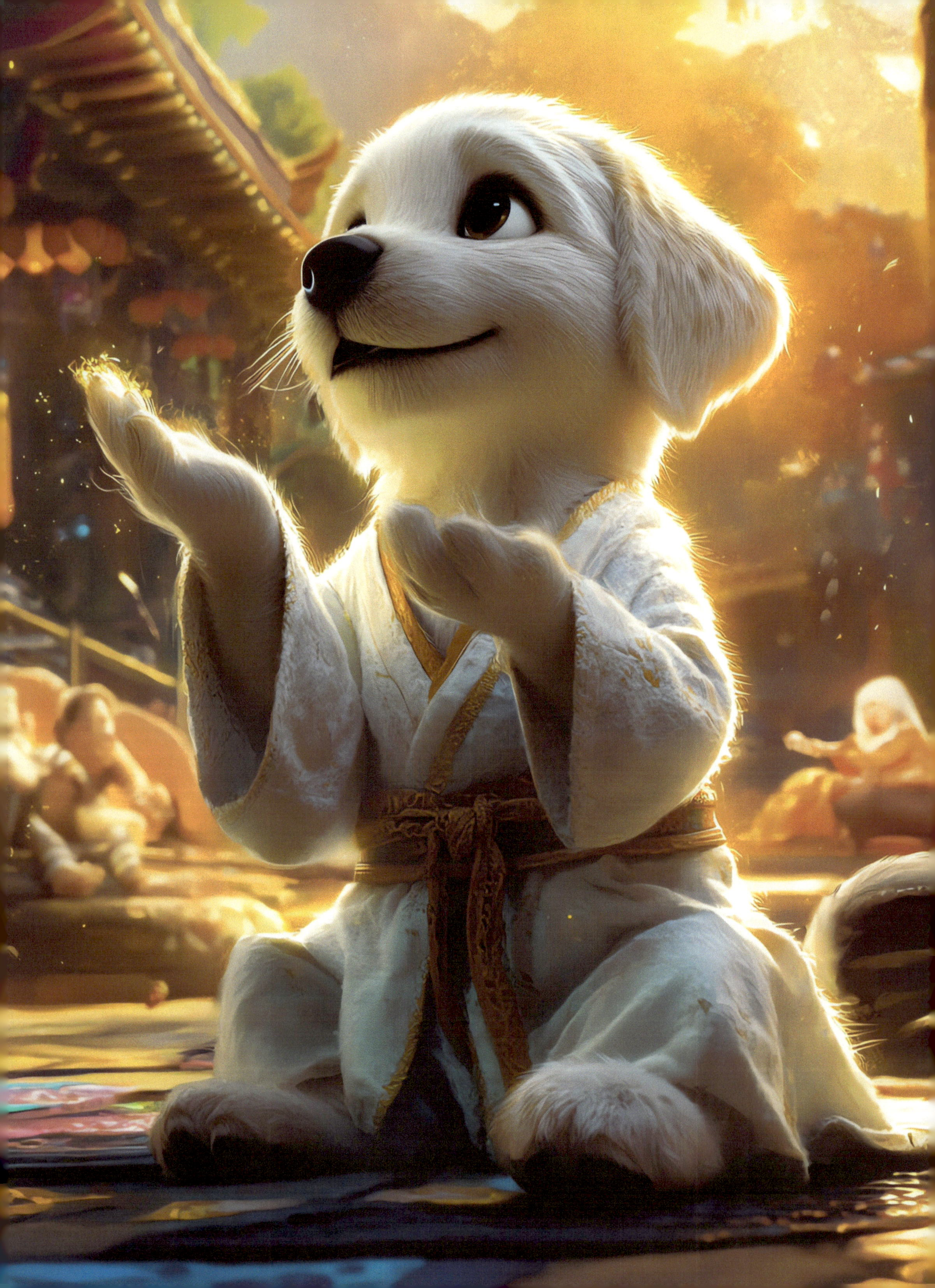

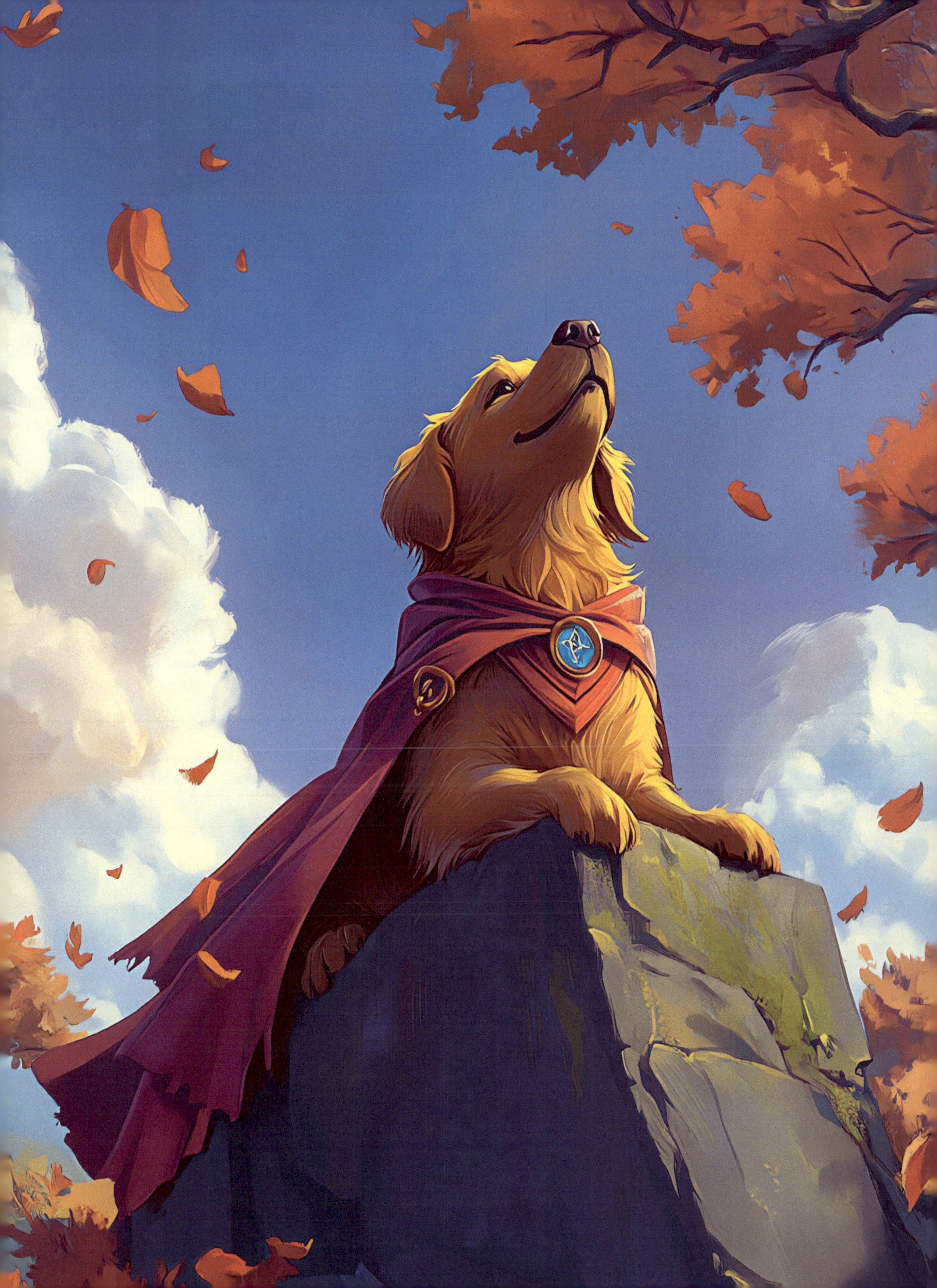

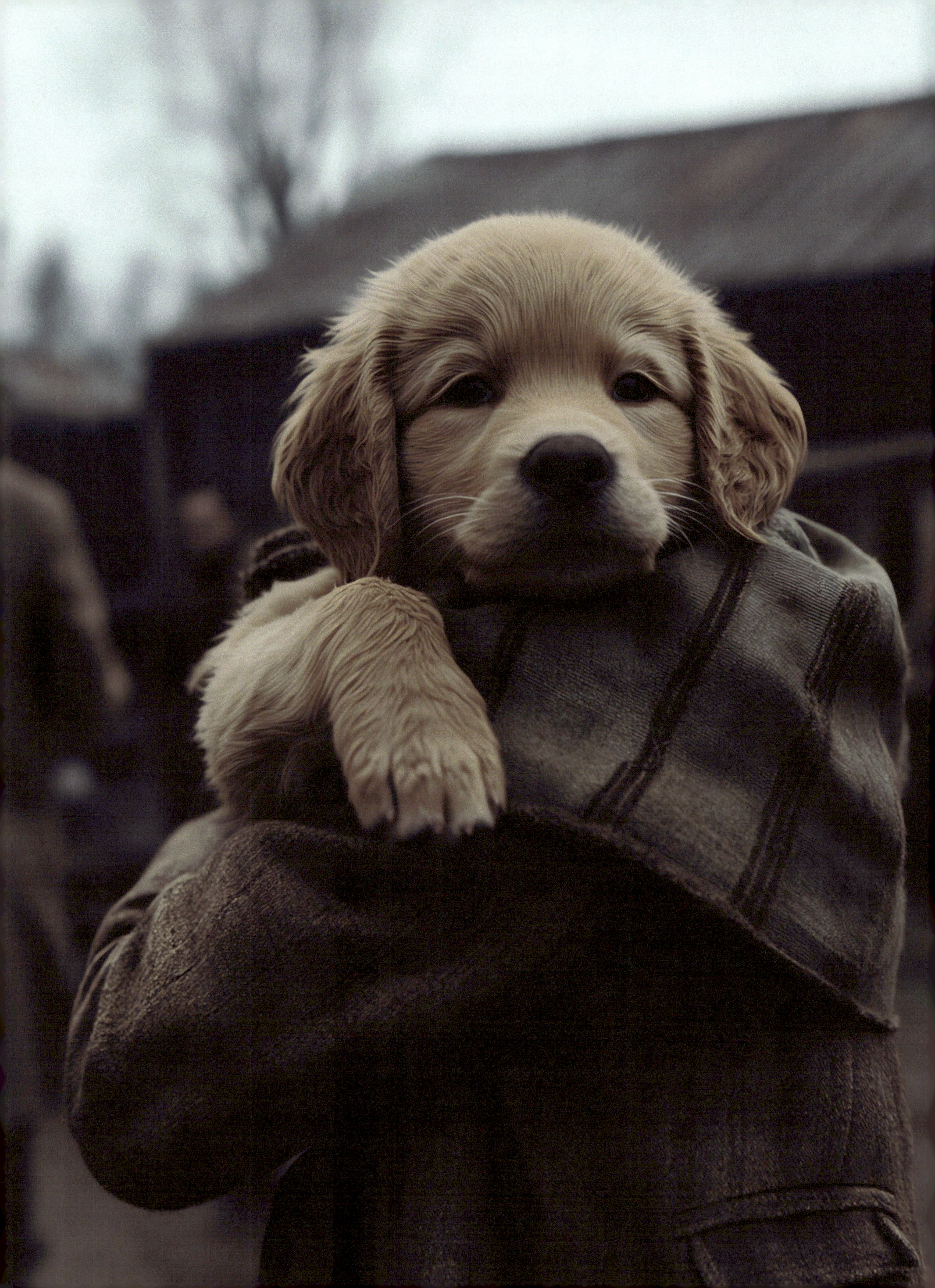

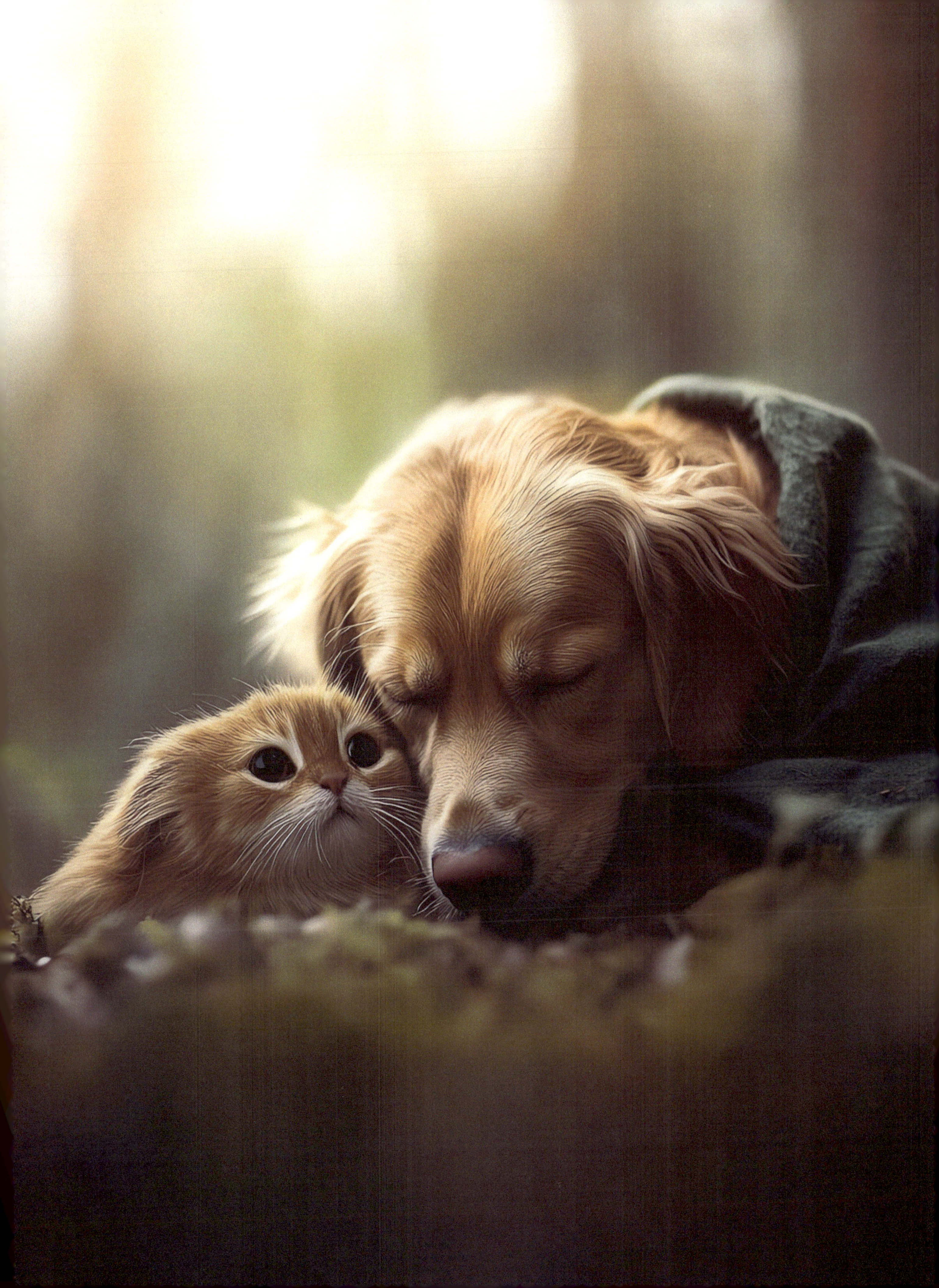

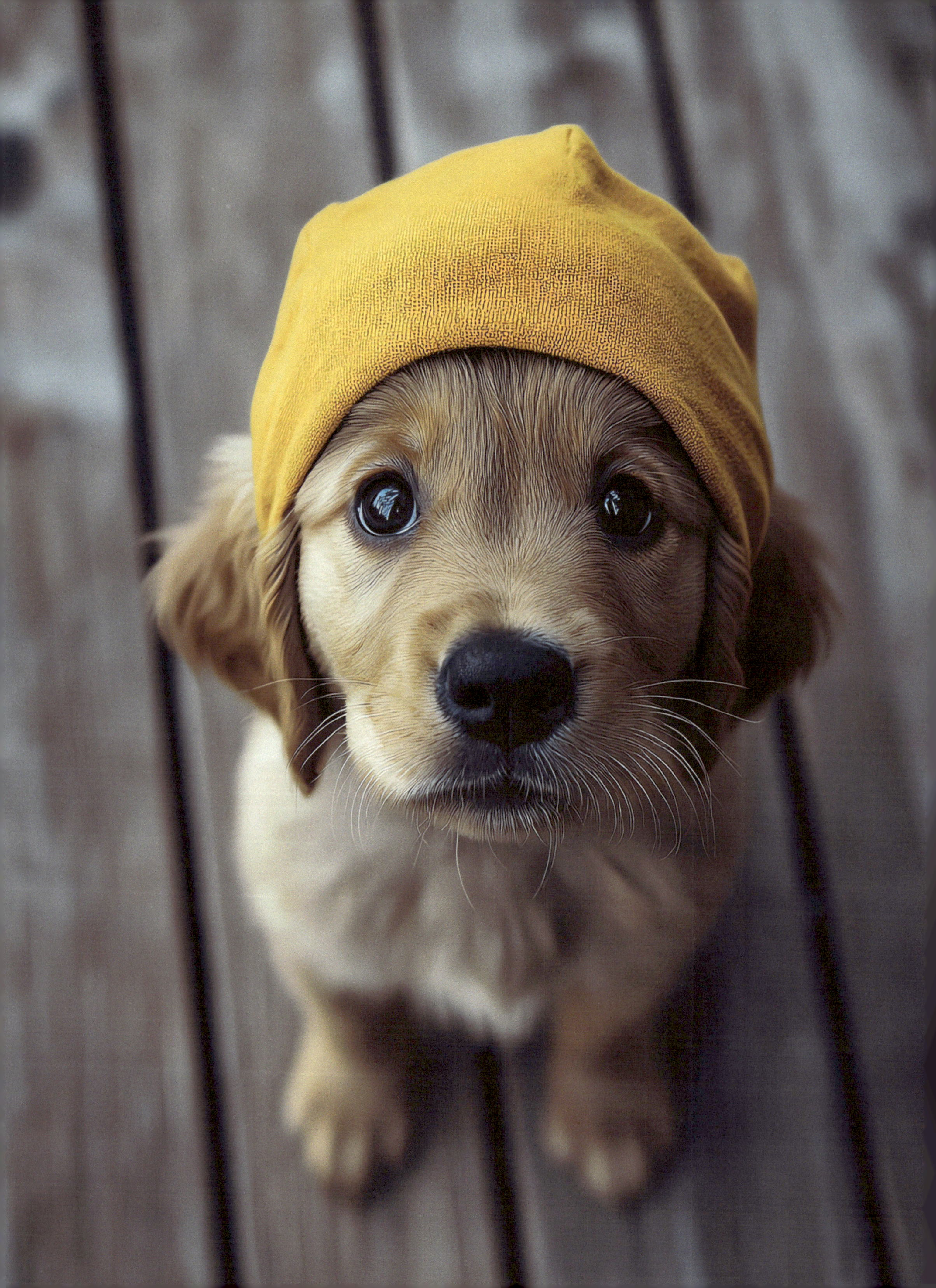

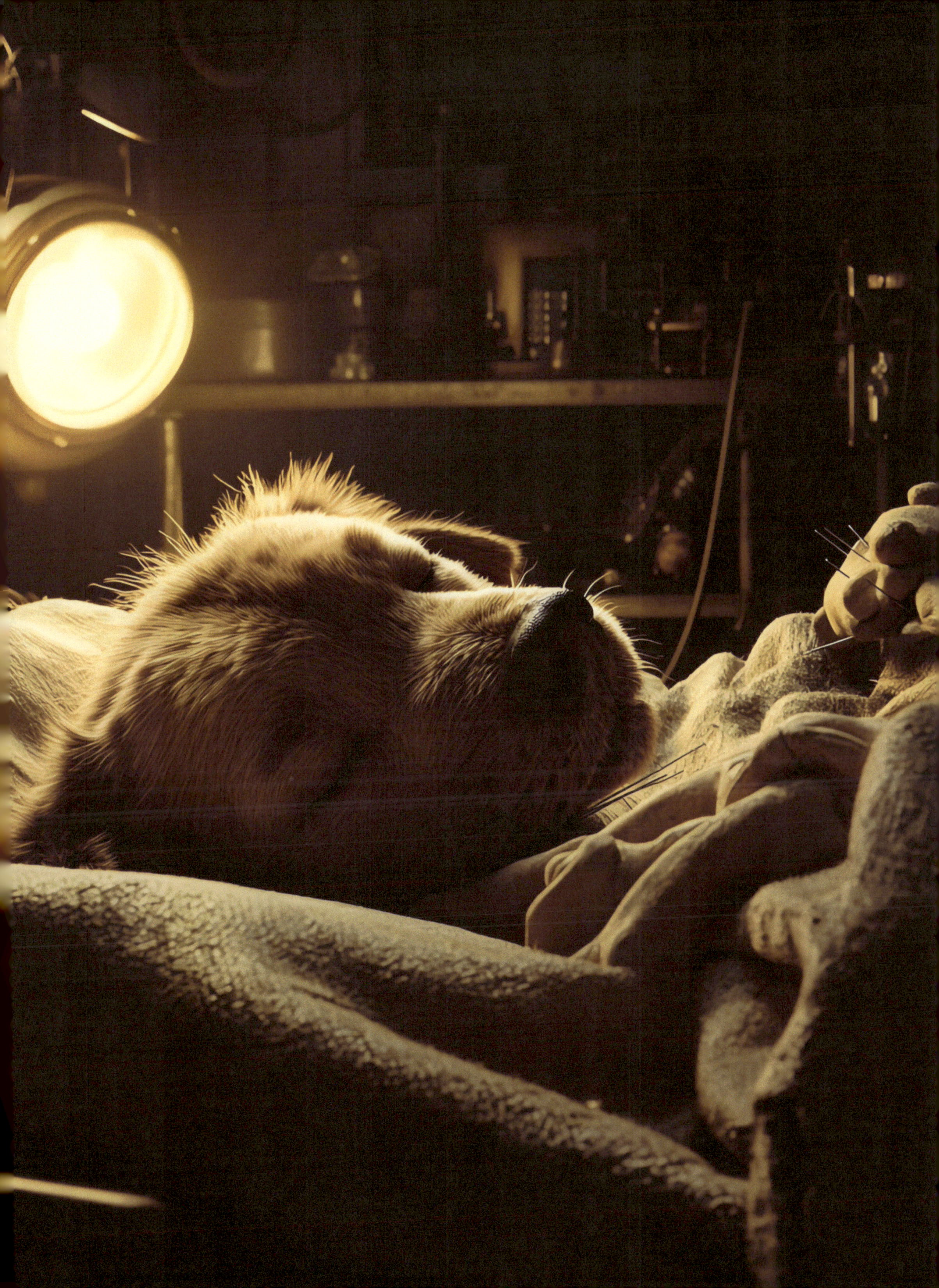

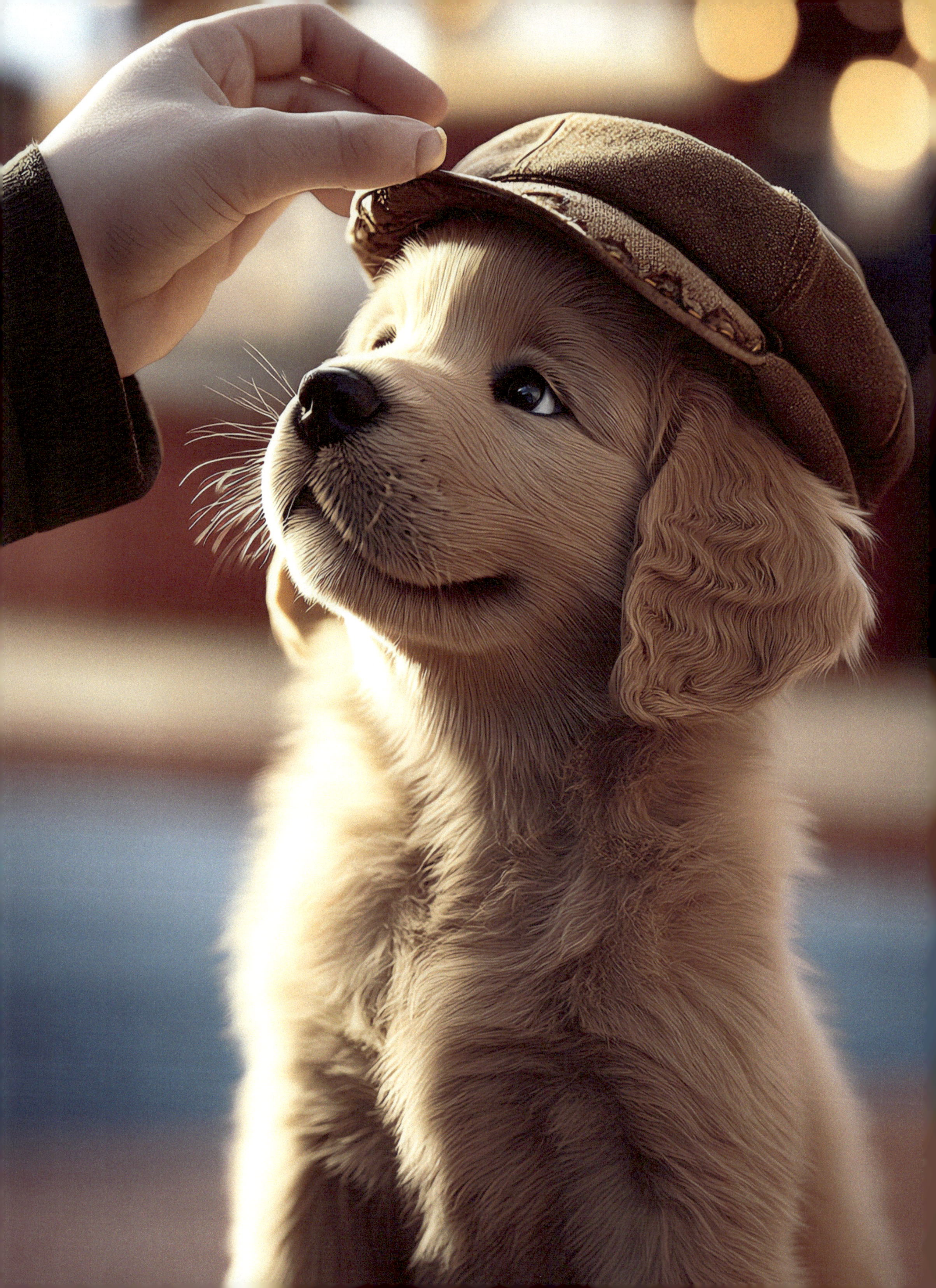

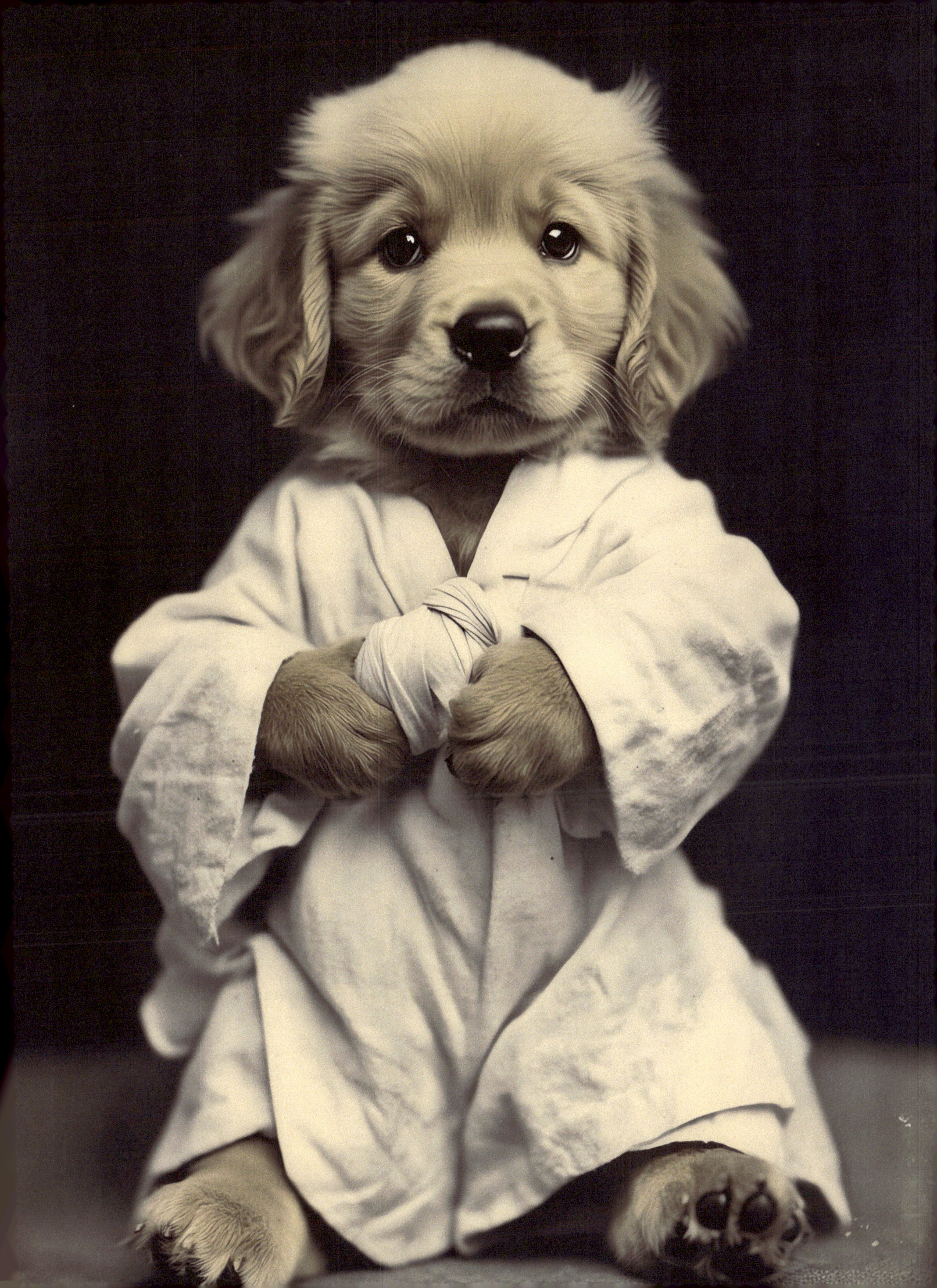

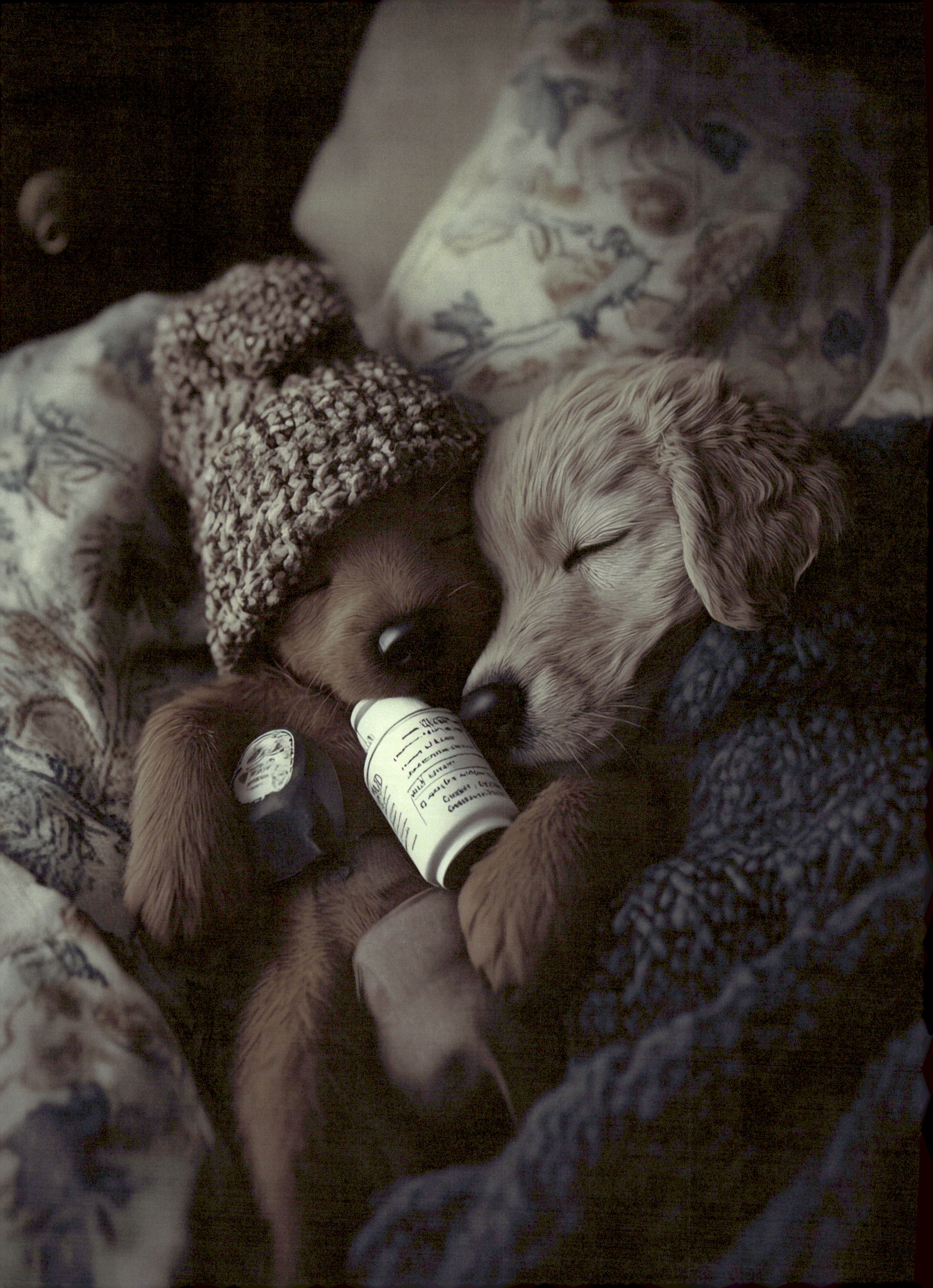

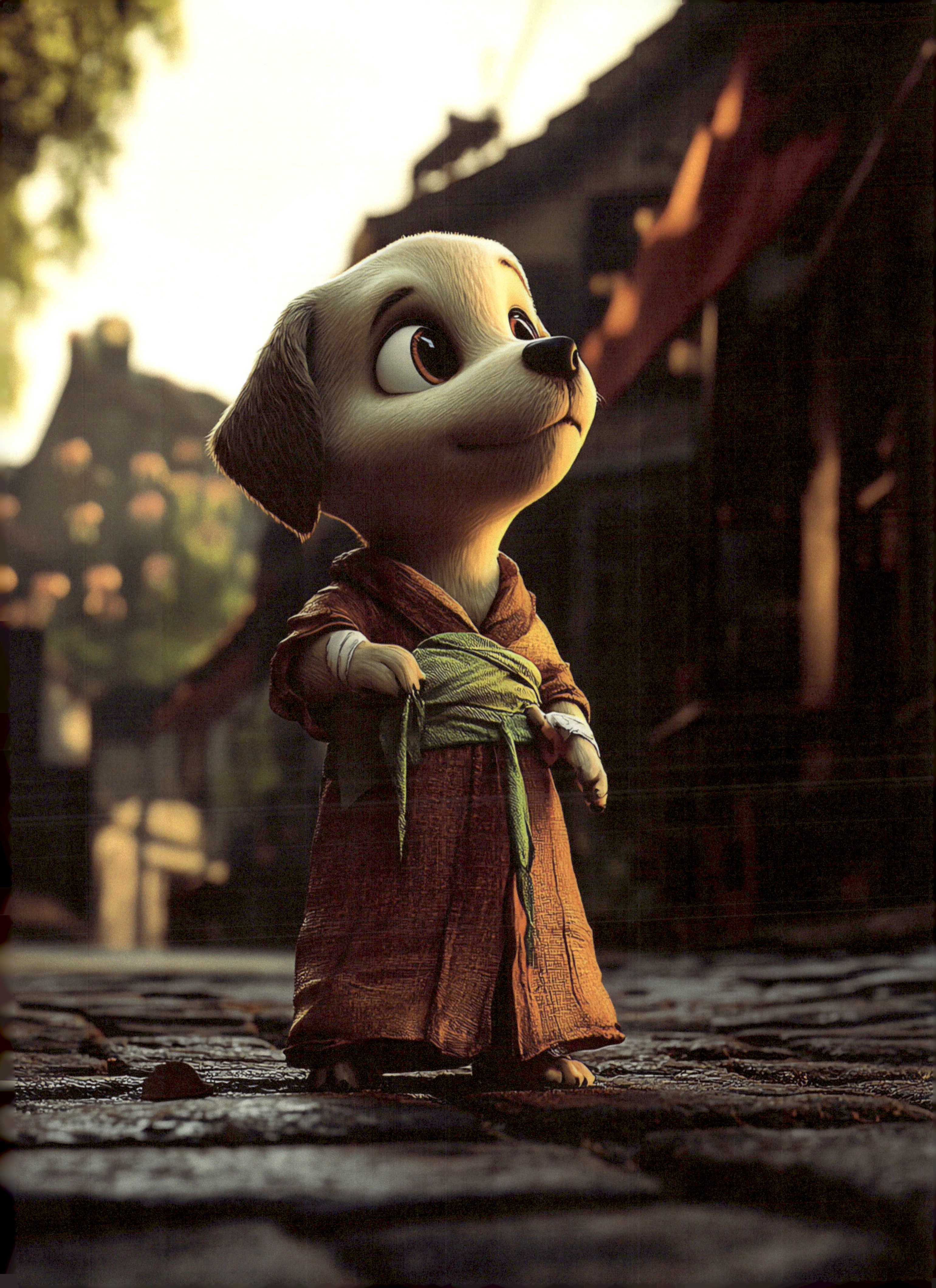

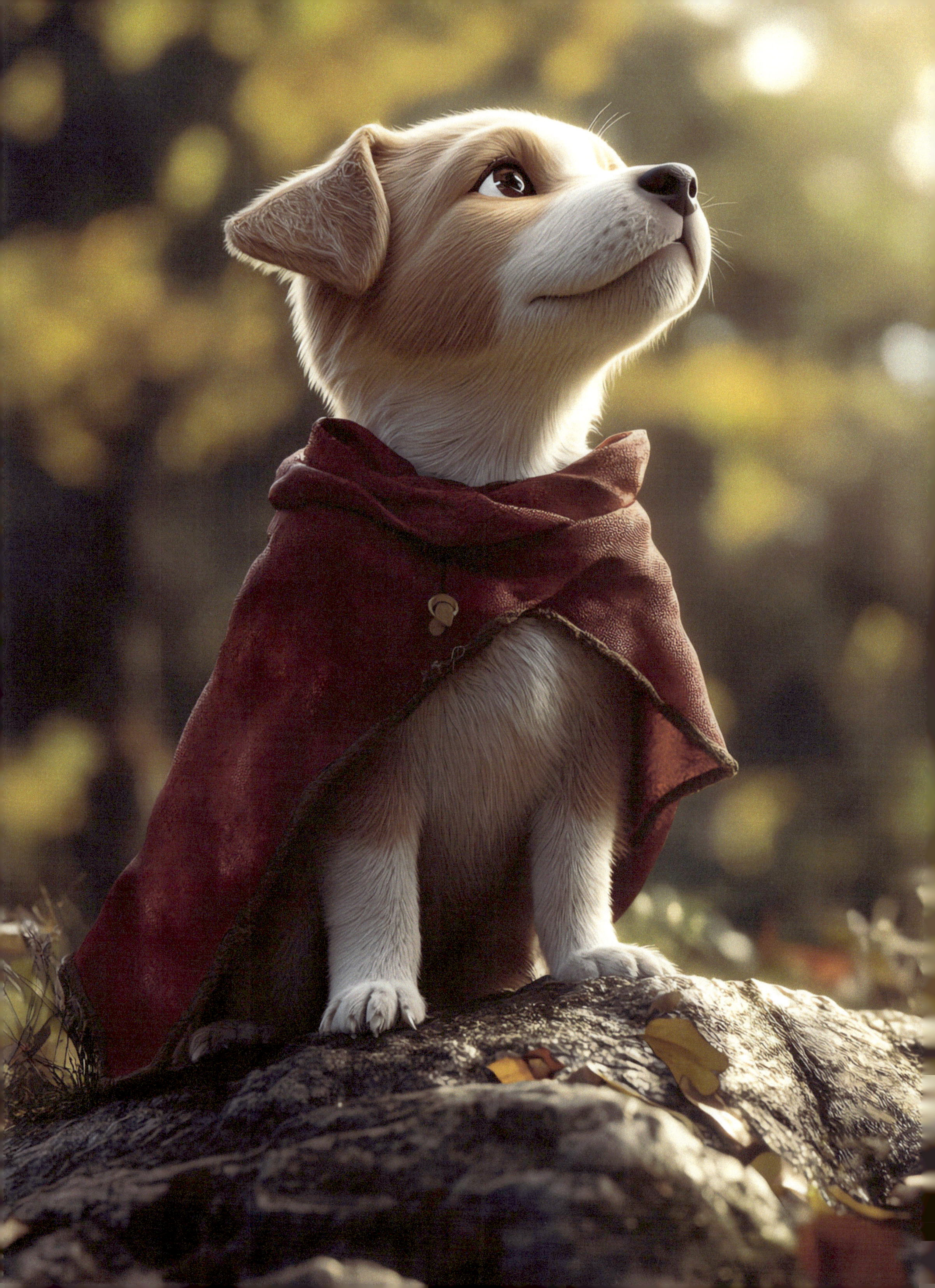

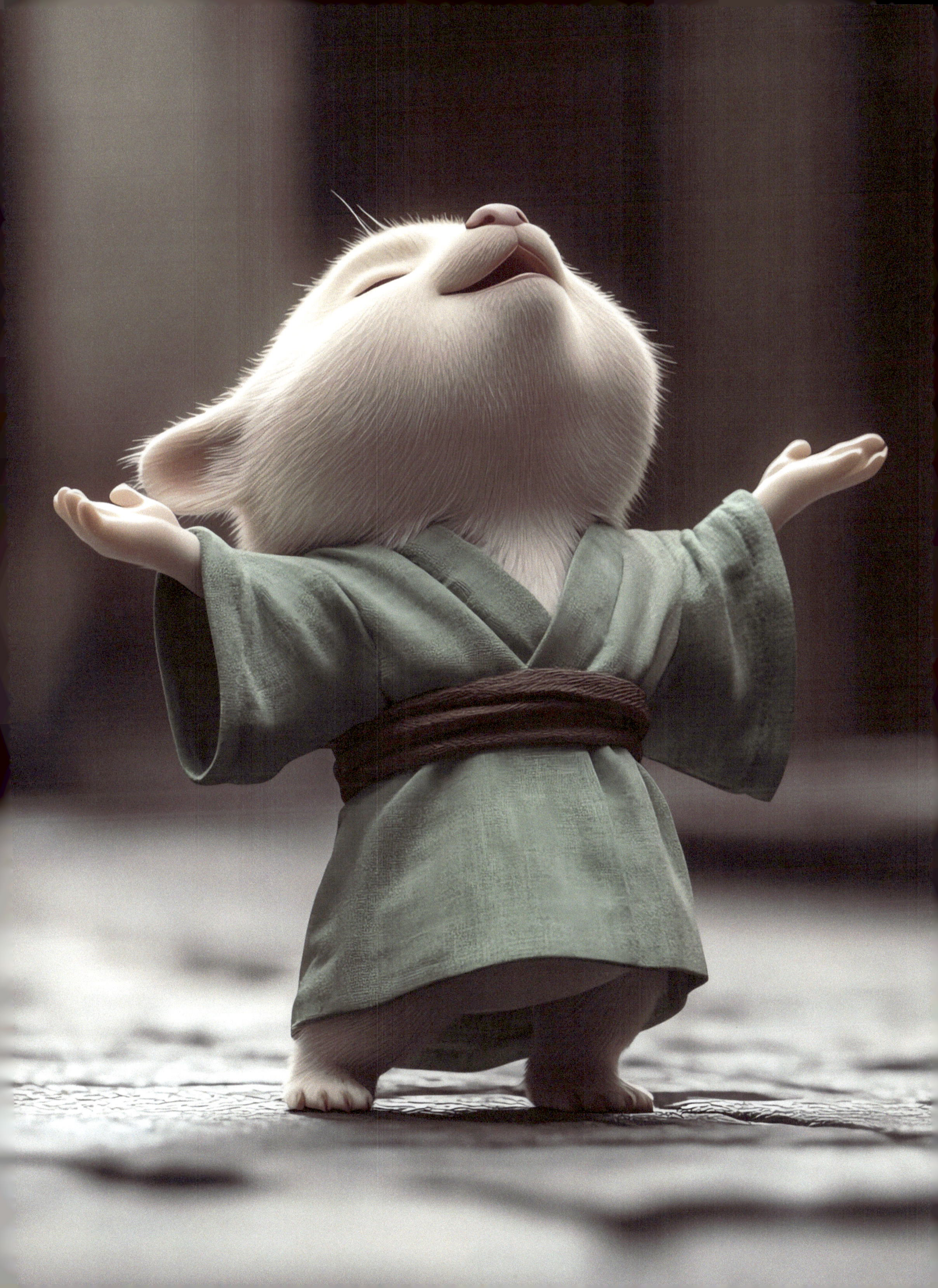

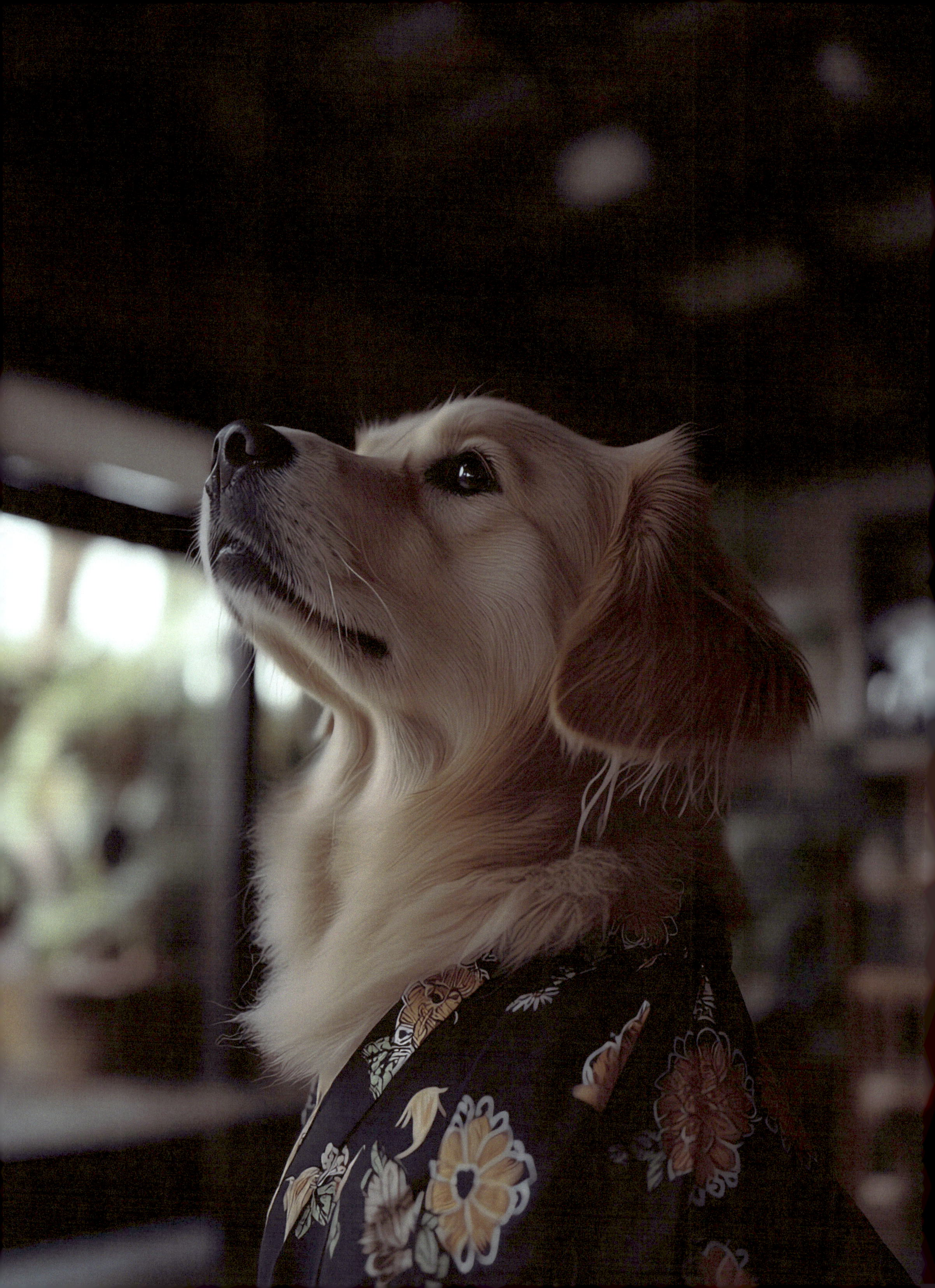

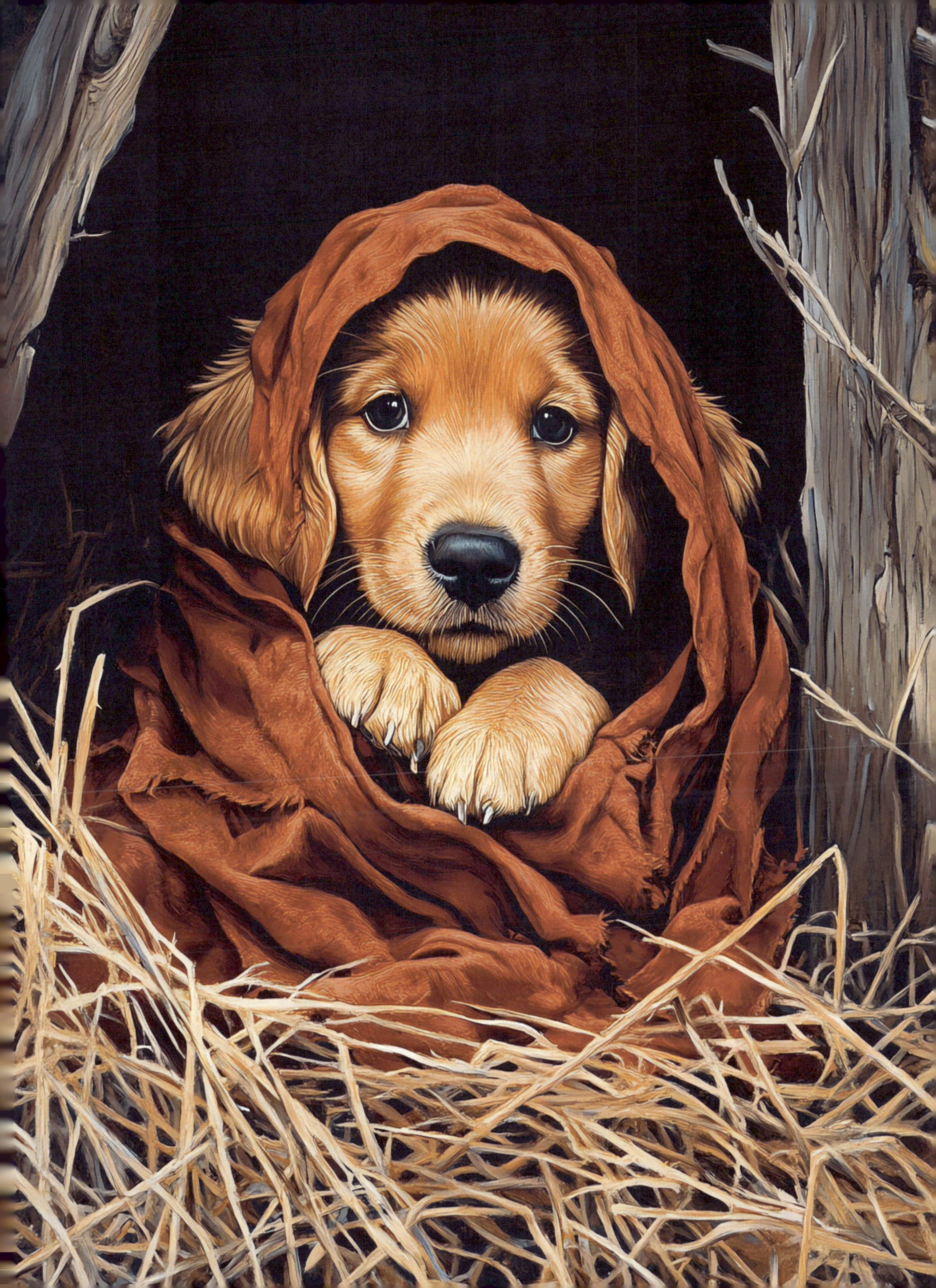

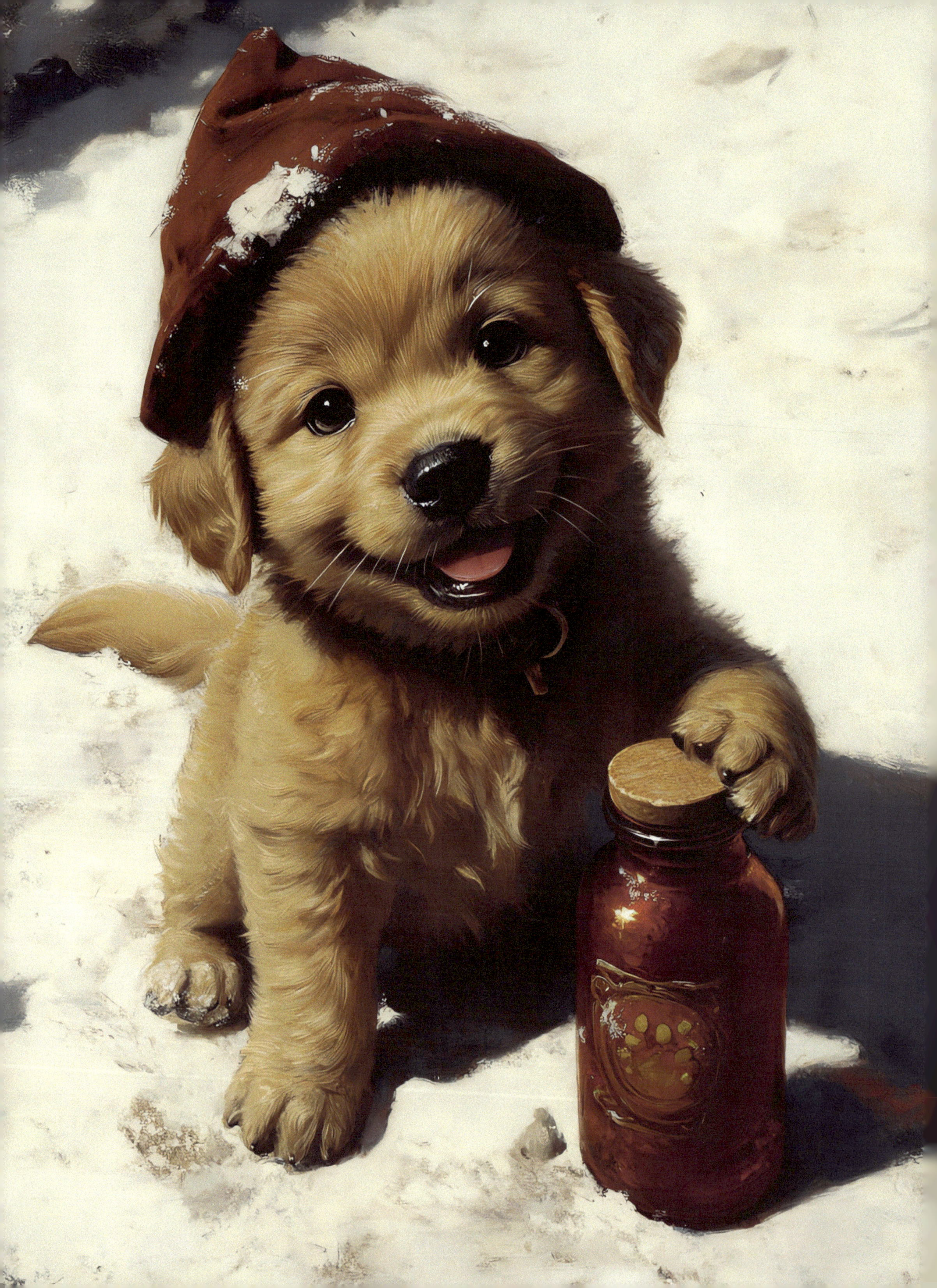

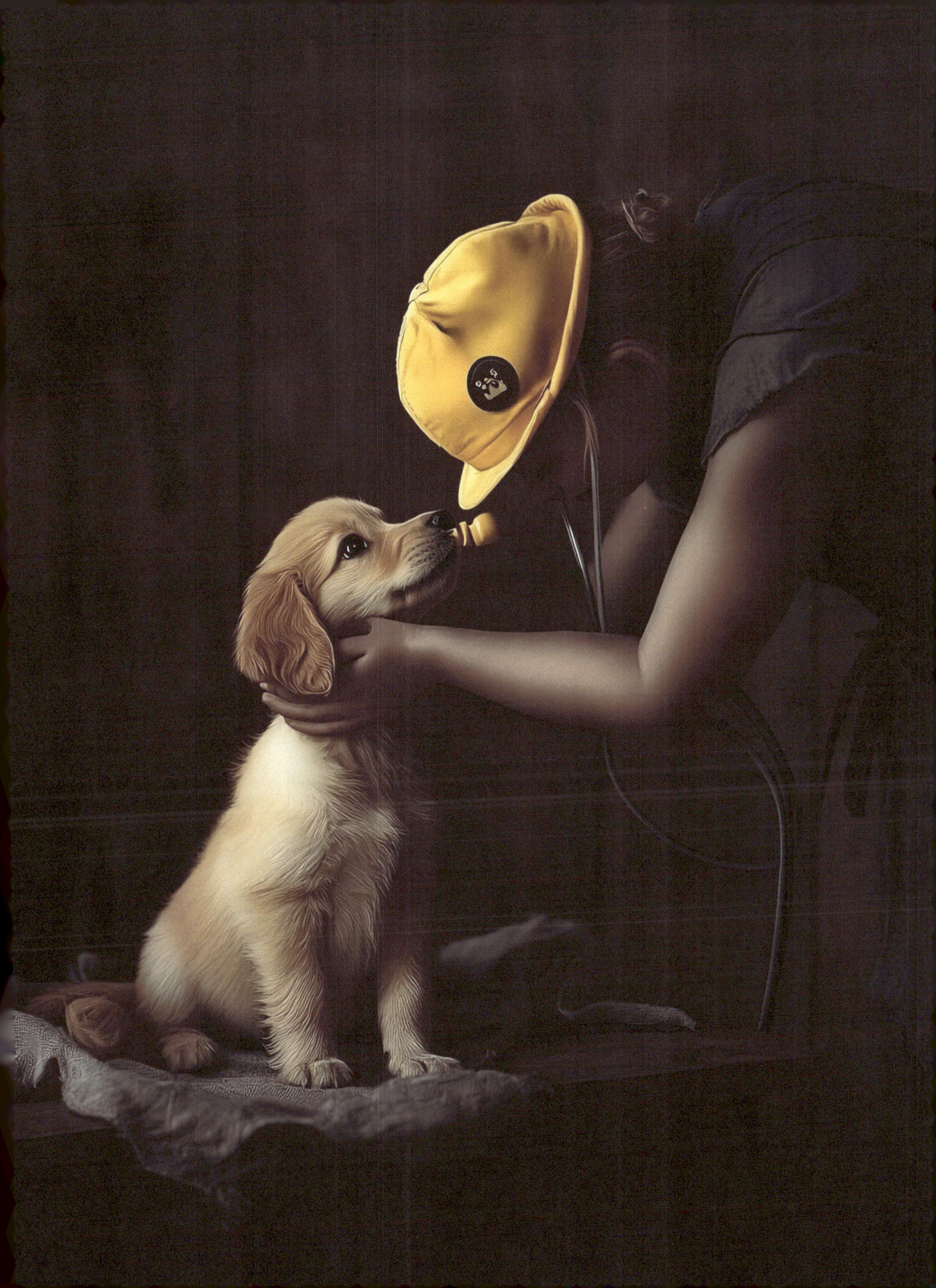

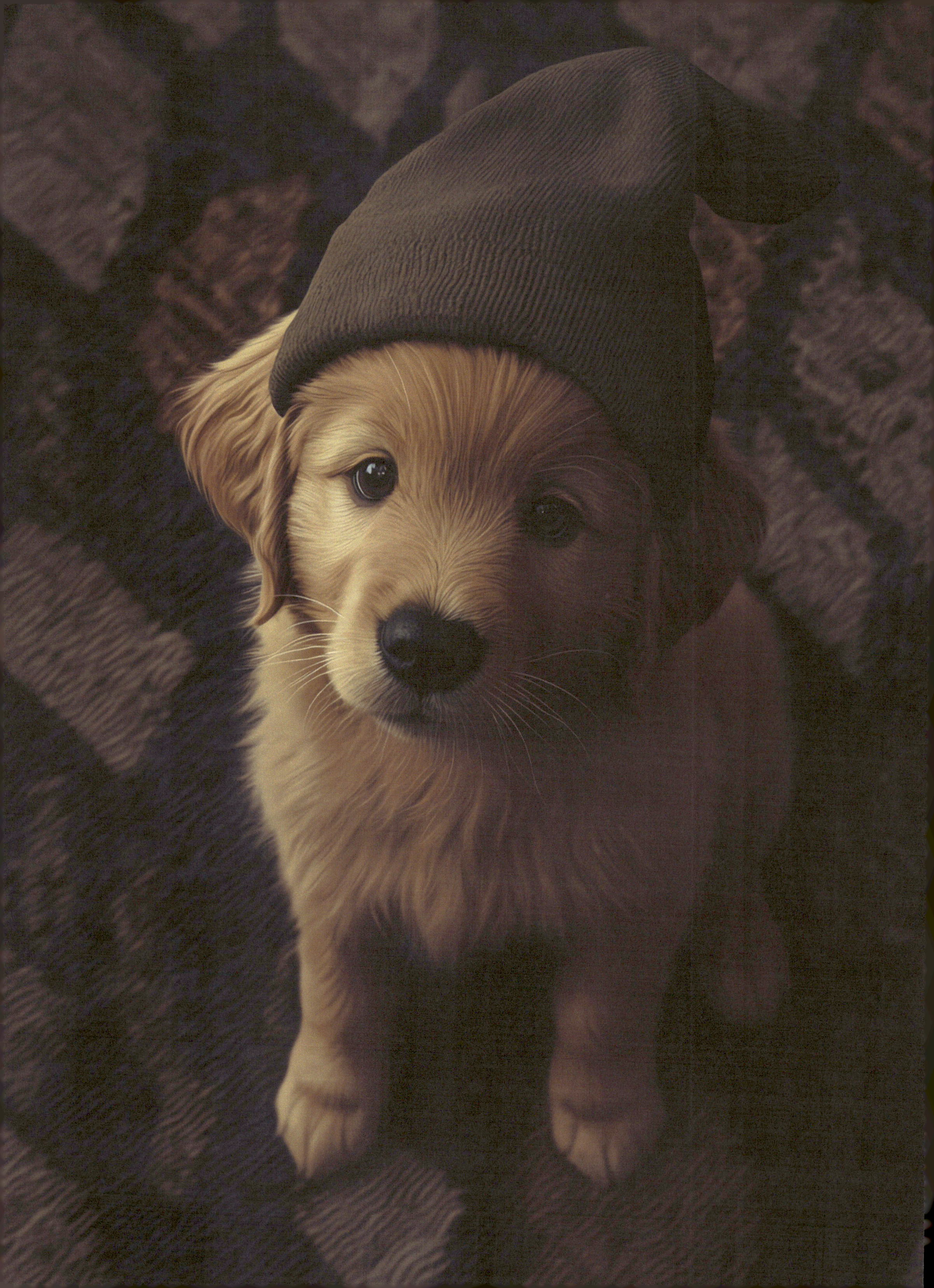